디지털 슈퍼맘 대작전

정제영 · 이수철 · 김용욱 · 김혜신 · 조미나 · 황유리

박영story

KB192302

디지털
슈퍼맘 대작전

정제영 · 이수철 · 김용욱 · 김혜신 · 조미나 · 황유리

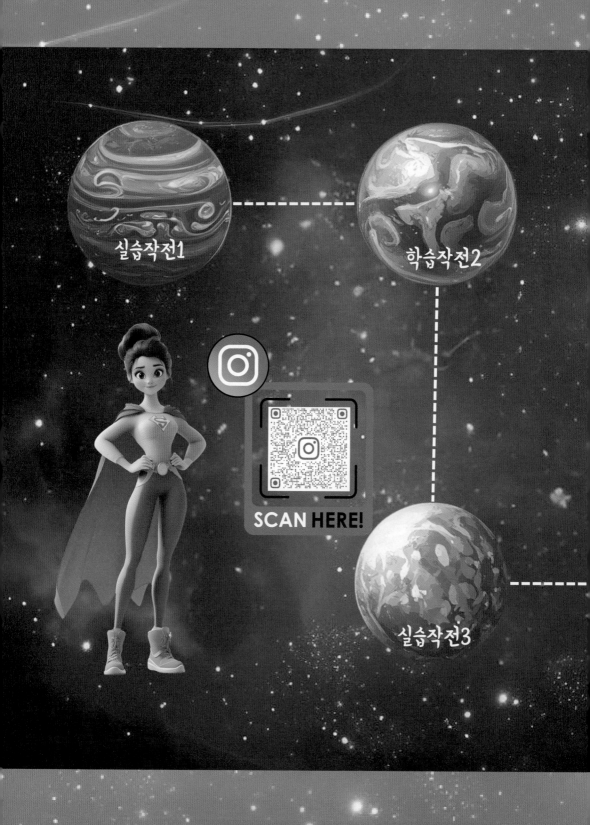

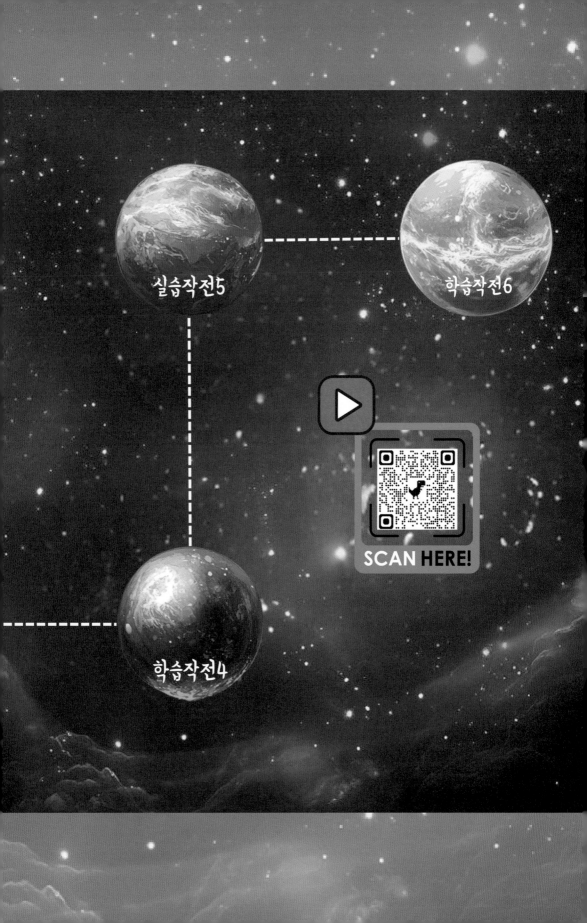

저자 소개

정제영

한국교육학술정보원(KERIS) 원장
이화여자대학교 교육학과 교수
이화여대 미래교육연구소장
이화여대 AI융합교육연구지원센터장
이화여대 창의교육거점센터장
이화여대 기획처장
이화여대 호크마교양대학장
한국교육학회 사무국장
교육과학기술부 사무관, 서기관
행정고시 44회 합격

이수철

대전신일여자고등학교 교사
교실혁명 선도교사
일본문부과학성국비교원연구생(동경외대)
한남대학교 비교어문학 박사
『위대한 생각』 저자 (미디어숲)
사단법인 스마트교육학회 부회장
교육부 스마트교육중앙선도교사
교육부 디지털교과서 중앙선도교사
교육부장관 표창(교과서 선진화 기여)
한국교육학술정보원(KERIS) 정책자문위원
KBS 대전라디오 책 읽어주는 남자(대세남) 출연 중

김용욱

금산신대초등학교 교사
교실혁명 선도교사
AIEDAP 마스터교원
공주교육대학교 AI융합교육대학원 재학
교육부장관 표창(영어교육발전, 방과후학교 유공)
메가스터디, 솔트룩스 등 AI영어 챗봇 콘텐츠 개발 위원
충남초등영어교과연구회 사무국장 및 인공지능 분과장
학습연년제(AI 메타버스를 활용한 영어 기초학력향상 방안 연구)
인공지능 활용 수업 및 업무경감: 초, 중, 고, 대학, 티처빌, YBM 출강
ChatGPT Voice 활용 영어수업의 실제 공저(충남교육청)
『초등 기적의 AI 공부법』 공저
삼남매 아빠

김혜신

천안부대초등학교 교사
국립 공주대학교 교육대학원 교육방법 석사
교실혁명 선도교사
EBSe활용교사(2019~2024)
천안 교육국제화특구 지원단
충남 디지털 기반 교육혁신 강사
AI활용 초등영어교육공동체 회장
충남초등영어교육연구회 핵심임원
교육부장관 표창(영어교육발전 유공)
ChatGPT Voice 활용 영어수업의 실제 공저(충남교육청)
삼남매 엄마

조미나

공주봉황초등학교 교사
교실혁명 선도교사
AIEDAP 마스터교원
SDG 티처스 리더
교육부 교육과정 선도교원
충남영어교육연구회 핵심임원
충남소프트웨어ICT교육연구회
AI 디지털교과서 현장적합성 검토위원
교육부장관 표창(영어교육발전 유공)
유네스코 아태교육원 세계시민교육 중앙연구회
삼남매 엄마

황유리

대전이문고등학교 정보·컴퓨터 교사
국립 공주대학교 교육대학원 컴퓨터교육학 석사
교실혁명 선도교사
AIEDAP 마스터교원
AI선도학교 운영지원단
AI 디지털교과서 현장적합성 검토위원
대전광역시교육청 디지털 드림 지원단
'AIdea' 교사 학습공동체 회장
'같이 가치 인공지능' 교육연구회 회장
'EduAI Leaders' AI교육 학습공동체 회장

목 차

디지털 슈퍼맘 대작전

실습 작전 3   디지털 슈퍼맘 되기

학습 작전 4   디지털 슈퍼맘을 위한 디지털 문해력 쌓아 올리기

프롤로그

요즘 세상이 너무 빠르게 변하고 있다. 첫째는 초등학교 고학년, 둘째는 저학년, 막내는 유치원생인데, 아이들이 자라는 속도보다도 더 빠르게 기술이 발전하는 것 같다. 디지털 기기와 인공지능이 우리 생활 속 깊이 자리 잡고 있지만, 정작 나는 이런 변화에 제대로 발맞추지 못하고 있다는 불안감이 커진다.

현실은 여전히 돌고 돈다. 돌아서면 밥하고, 돌아서면 빨래하는 하루하루가 이어진다. 육아와 가정 살림이 끝없이 반복되는 가운데, 가끔은 내가 이 세상에서 점점 뒤처지는 게 아닌가 하는 생각이 머릿속을 맴돈다. 아이들의 교육은 어떻게 해야 할지, 가정일은 어떻게 더 효율적으로 할 수 있을지 고민이 쌓여만 간다.

얼마 전, 첫째 아이가 숙제하겠다며 핸드폰을 들고 있어서 놀라서 물었다. "핸드폰으로 숙제한다고?" 아이는 담임 선생님이 인공지능 프로그램을 사용하라고 했다고 대답했다. 숙제도 이제 인공지능으로 하는 시대라니! 뉴스에서 챗GPT 같은 인공지능 도구가 화제가 되고 있지만, 그것이 우리 일상과 아이들 교육에 이렇게 가까이 와 있다는 것을 실감하지 못했던 나 자신이 걱정되기 시작했다.

사실, 나는 인공지능이나 챗GPT 같은 기술에 대해 잘 알지 못한다. 하지만 이제는 더 이상 뒤처져 있을 수 없다는 생각이 든다. 우리 아이들을 미래 인재로 키우기 위해서는, 나부터 디지털 문해력과 인공지능 활용 능력을 갖춰야 한다. 디지털과 인공지능 기술은 단순한 도구를 넘어, 아이들의 학습 방식과 교육의 패러다임을 바꾸고 있으며, 이 변화의 흐름 속에서 나와 내 아이들이 함께 성장해야 한다.

이제, 나도 디지털 초보맘에서 벗어나 미래 엄마로 거듭나야 할 때다. 육아와 가정 살림은 물론, 나 자신을 위한 개발까지, 이 모든 것을 인공지능과 디지털 기술을 활용해 해내고 싶다. 첫째의 고학년 공부부터 둘째의 저학년 학습, 막내의 유치원 생활까지, 모든 면에서 디지털 시대에 맞는 엄마가 되어야 한다는 책임감이 느껴진다. 우리 아이들이 미래의 주인공으로 자신감을 갖고 살아갈 수 있도록 돕는 동시에, 나도 그에 발맞춰 함께 성장하는 미래 엄마가 되고자 한다.

이 책이 그 여정에서 든든한 동반자가 되어줄 것을 기대하며, 나와 비슷한 고민을 가진 모든 엄마들이 함께 이 길을 걷기를 바란다.

일러두기: 활용되는 웹, 앱 서비스 리스트

공통	- 커버 및 본문 삽화 디자인을 위해 Midjourney와 Canva를 활용하였습니다.
실습 작전 1	- 구글: google.com - 챗GPT: chatgpt.com - Askup(아숙업) 카카오톡 채널 - Lilys AI 카카오톡 채널 - 윤문의 과정에서 챗GPT를 활용하였습니다.
학습 작전 2	- 윤문의 과정에서 챗GPT와 Claude를 활용하였습니다.
실습 작전 3	- 챗GPT: chatgpt.com - Suno: suno.com - Gemini: gemini.google.com - 스프레드 시트 - 인스타그램: instagram.com - 네이버 블로그: blog.naver.com - Copilot: copilot.microsoft.com - Playground: playground.com - Ideogram: ideogram.ai - Leonardo: leonardo.ai - 윤문의 과정에서 챗GPT와 Claude를 활용하였습니다.
학습 작전 4	- 팩트체크 신문데이터 Bigkinds: bigkinds.or.kr - 도타이군의 도쿄대 입학 프로젝트 Youtube 영상: https://t.ly/0SHTD - 음성지원서비스 확인과정에서 챗GPT 고급음성 채팅을 활용하였습니다. - 윤문의 과정에서 챗GPT와 Claude를 활용하였습니다.
실습 작전 5	- 네이버 엔트리: playentry.org
학습 작전 6	- AI 디지털교과서 프로토타입: 영어, 수학, 정보 - 윤문의 과정에서 챗GPT와 Claude를 활용하였습니다.

실습 작전 ❶

디지털
초보맘 되기

인공지능
만능키 만들기

　오늘도 여러 가지 생각으로 가슴이 답답하다. 옆집 엄마는 남편과 캠핑하러 간다며 자랑하고, 유치원에서 만난 친구 엄마는 아이가 벌써 한글을 쓴다며 자랑한다. 워킹맘인 절친은 승진했다며 한턱낸다는데, 나는 집에서 아이들을 키우느라 직장을 관둔 뒤로 가끔 우울한 기분이 든다. 아이 교육도 잘하고 싶고, 가족들과 화목하게 지내고 싶고, 나의 커리어도 쌓고 싶지만, 현실은 그렇지 않다.

　저녁 먹고 첫째를 책상 앞에 앉혀놓고 숙제하라고 했더니, 또 핸드폰을 들고 있다. "또 핸드폰이야?" 소리치니, 숙제하고 있다고 해서 화가 더 났다. "핸드폰으로 숙제라니!" 잔소리하니, 담임 선생님이 인공지능 프로그램으로 숙제를 내주셨단다. "헉, 이제 숙제도 인공지능으로?" 요즘 뉴스에서 디지털 교과서 얘기가 나오더니, 나는 집에만 있어 그런지 점점 뒤처지는 것 같아 불안하다.

　정말 고민이다. 어떻게 해야 아이 교육도 잘하고, 가족과 행복하게 지내며, 나름의 커리어도 쌓을 수 있을까? 인공지능을 통해 이 세 가지 욕심을 다 잡을 수 있을까? 뉴스에서 들리는 디지털 교과서와 인공지능 활용 프로그램 이야기, 뭐부터 시작해야 할지 모르겠다. 내가 너무 뒤처진 건 아니겠지?

구글 로그인 계정 만들기!

내 이야기이다 싶고 공감이 되시나요? 각종 뉴스와 기사에서는 디지털 교과서가 도입되고 다양한 인공지능 활용 프로그램이 활용된다고 하는데 무슨 이야기인지 모르겠고 나만 모르는 게 아닌가 불안하신가요? 디지털 시대, 나만 디지털 초보맘인 것 같아 걱정되시나요? 걱정하실 필요 없습니다. 지금부터 디지털 초보맘에서 벗어날 수 있도록 이 책과 함께 가시면 됩니다. 자, 뭐부터 시작해야 할까요? 인공지능을 여는 만능키 구글 계정부터 시작해 봅시다!

구글 계정은 다양한 앱과 서비스를 사용할 수 있는 만능키와 같습니다. 한 번의 로그인으로 여러 서비스를 편리하게 이용할 수 있어 매우 유용합니다.

구글 계정을 사용하면 챗GPT뿐만 아니라 뤼튼, 코파일럿 등 다양한 인공지능 도구를 쉽게 이용할 수 있어요. 하나의 구글 계정으로 여러 서비스에 로그인할 수 있어 각기 다른 계정을 관리할 필요가 없어 유용하답니다.

프로그램 소개 ● ● ●

Google(구글), 구글 계정
- 기능: 구글 계정은 구글의 다양한 서비스를 하나의 계정으로 이용할 수 있게 해주는 개인 계정입니다. 이메일, 구글 드라이브, 유튜브 등 여러 서비스를 한 번에 사용할 수 있습니다.
- 사이트 주소: https://www.google.co.kr/

⊗ 로그인 만능키: 구글 계정

구글 계정으로 로그인하려면, 각 앱의 로그인 화면에서 '구글 계정으로 로그인' 버튼을 클릭하시면 됩니다. 구글 이메일 주소와 비밀번호를 입력하면, 해당 앱에 자동으로 로그인이 됩니다. 로그인 정보가 저장되어 다음에 다시 로그인할 때 편리하게 이용할 수 있답니다.

이렇게 구글 계정으로 여러 서비스에 로그인했을 때, 계정 관리를 쉽게 할 수 있어요. 구글 계정 설정에서 로그인한 기기와 앱을 확인하고 관리할 수 있지요. 보안 설정을 통해 계정을 안전하게 지키고, 필요 시 비밀번호를 변경하거나 2단계 인증을 설정할 수 있습니다.

⊙ 구글 계정 확인하기

스마트폰에서 구글 계정 정보를 확인합니다. 안드로이드의 경우, [설정]-[계정]-[구글]에서 확인할 수 있습니다.

iPhone의 경우, [설정]-[메일]-[계정]-[구글]에서 확인할 수 있습니다. 만능키인 구글 이메일 주소와 비밀번호를 기억해 둡니다. 만약 구글 계정이 없으시다면, 컴퓨터나 스마트폰에서 웹 브라우저를 열고 구글 계정 만들기 페이지로 이동합니다.

ⓥ 구글 계정 만들기

① 이름, 비밀번호를 입력하고, '다음' 버튼을 클릭합니다.

② 추가 정보를 입력합니다. 휴대전화 번호, 복구 이메일 주소(선택 사항), 생년월일, 성별
  등의 정보를 입력하고, '다음' 버튼을 클릭합니다.

③ 휴대전화를 인증합니다. 휴대전화 번호로 전송된 인증 코드를 입력하여 전화번호를

인증하면 됩니다. 인증 코드를 입력 후에 '확인' 버튼을 클릭합니다.

④ 구글의 개인정보 처리방침 및 서비스 약관을 읽고 '동의합니다' 버튼을 클릭합니다.

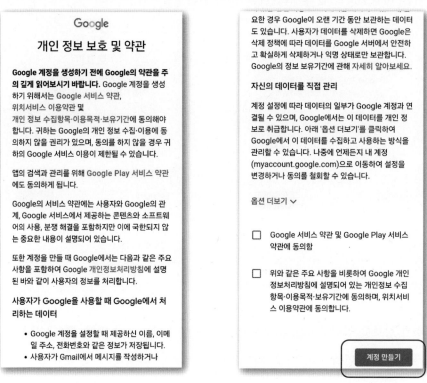

⑤ 이제 구글 계정이 생성되었습니다. 구글의 다양한 서비스(Gmail, YouTube, Google Drive 등)에 로그인하여 사용할 수 있습니다.

구글 계정이 만들어졌으면 컴퓨터에서도 로그인 할 수 있어요. 아이디와 비밀번호로 로그인해 보세요. 핸드폰에서뿐만 아니라 컴퓨터 사용에도 구글 계정은 만능키랍니다. 아래 사진과 같이 구글홈(Chrome)에 들어가서 오른쪽 상단의 로그인을 클릭하고 같은 방법으로 로그인하면 돼요.

컴퓨터나 노트북에서 챗GPT를 사용하려면 구글 창을 실행한 뒤 구글 로그인을 먼저 하고 각 사이트에 들어가 사용을 시작하면 됩니다. 이렇게 간단한 로그인 절차만으로도, 다양한 인공지능 도구들을 활용하여 아이들의 학습을 돕고, 일상생활에서 필요한 다양한 정보를 얻을 수 있습니다.

| 로그인 시 주의 사항 |

• 공용 컴퓨터 사용 시: 공용 컴퓨터나 다른 사람과 공유하는 기기에서는 로그인 후 반드시 로그아웃하세요.

• 브라우저 설정 확인: 브라우저 설정에서 비밀번호 저장 기능을 사용하지 않도록 설정합니다. 공용 컴퓨터에서는 특히 중요합니다.

| 로그아웃 |

• 로그아웃 방법: 사용이 끝난 후 항상 로그아웃합니다. 로그아웃 방법은 다음과 같습니다.

• 구글 계정 아이콘 클릭: 오른쪽 상단에 있는 계정 아이콘을 클릭합니다.

• 로그아웃 클릭: 메뉴에서 '로그아웃'을 클릭합니다.

• 공용 컴퓨터에서 로그아웃 확인: 공용 컴퓨터에서는 반드시 로그아웃이 제대로 되었는지 확인합니다.

| 검색 기록 및 쿠키 삭제 |

• 검색 기록 삭제: 브라우저 설정에서 검색 기록을 삭제합니다.

• 브라우저 설정 열기: 오른쪽 상단의 설정 아이콘(점 세 개)을 클릭합니다.

• 히스토리 클릭: 메뉴에서 '히스토리'를 클릭합니다.

• 검색 기록 삭제: '검색 기록 삭제'를 클릭하고, 기간을 선택한 후 삭제합니다.

• 쿠키 삭제: 쿠키는 웹사이트 방문 기록을 저장합니다. 쿠키를 삭제하여 개인 정보를 보호할 수 있습니다.

• 브라우저 설정 열기: 오른쪽 상단의 설정 아이콘(점 세 개)을 클릭합니다.

• 설정 클릭: 메뉴에서 '설정'을 클릭합니다.

- 개인 정보 및 보안 클릭: '개인 정보 및 보안' 메뉴에서 '쿠키 및 기타 사이트 데이터'를 클릭합니다.
- 쿠키 삭제: '모든 쿠키 및 사이트 데이터 보기'를 클릭하고, '모두 삭제'를 클릭합니다.

| 이중 인증 설정 |

- 이중 인증 사용: 이중 인증을 설정하면 로그인할 때마다 추가 인증 절차를 거치므로 보안이 강화됩니다.
- 구글 계정 설정 열기: 계정 설정 페이지에서 '보안' 탭을 클릭합니다.
- 이중 인증 설정: '2단계 인증'을 클릭하고, 지시에 따라 설정합니다.

챗GPT 4.0과
대화하기

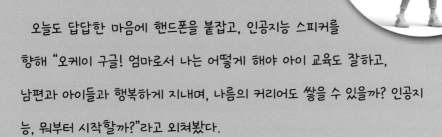

오늘도 답답한 마음에 핸드폰을 붙잡고, 인공지능 스피커를 향해 "오케이 구글! 엄마로서 나는 어떻게 해야 아이 교육도 잘하고, 남편과 아이들과 행복하게 지내며, 나름의 커리어도 쌓을 수 있을까? 인공지능, 뭐부터 시작할까?"라고 외쳐봤다.

그랬더니, 스피커에서 부드러운 목소리가 나왔다. "안녕하세요. 오늘 하루도 힘들고 지치셨군요. 엄마로서 겪는 어려움이 많으시겠어요. 하지만 포기하지 마세요! 인공지능 기술을 활용하면 아이 교육, 가족 관계, 그리고 자기 계발까지 모두 해결할 수 있을 거예요. 함께 방법을 찾아보도록 해요."

갑자기 가슴이 두근거리기 시작했다. "그래, 이거다! 이거부터 시작해 보자!" 나 자신에게 말하듯 외쳤다. 그동안 와이파이 설치할 때 같이 들여놓고 노래 들을 때만 썼던 인공지능 스피커, 이제야 제대로 써먹을 때가 왔구나!

우선 이 스피커와 친해지면서, 하나씩 단계를 밟아가면 되겠지. 나도 언젠가 디지털 초보맘에서 디지털 울트라 슈퍼맘으로 거듭나 아이 교육도 잘하고, 가족과 행복하게 지내며, 커리어도 쌓을 수 있을 거야.

하지만, 그럼 뭐부터 시작해야 하지? 인공지능아, 도와줘! "그럼 이제부터 인공지능과 함께 디지털 세상을 정복해 볼까요?"라는 스피커의 답변에 나는 배꼽을 잡으며 웃었다.

"그래, 인공지능과 함께라면 못 할 게 없지!"

챗GPT 4.0 보이스와 대화하기

챗GPT 4.0 보이스 기능은 인공지능이 목소리를 통해 사람들과 소통할 수 있도록 만든 기능입니다. 즉, 글로 대화하는 대신 목소리로 대화를 나눌 수 있게 해주는 기술입니다. 디지털 초보맘이 가장 쉽게 접할 수 있는 무료 인공지능 프로그램입니다.

핸드폰을 활용하면 쉽게 설치하고 활용할 수 있습니다. 물론 컴퓨터나 노트북으로도 활용할 수 있습니다. 초보맘에서는 핸드폰으로 사용하는 방법을 먼저 알려드릴게요.

프로그램 소개

챗GPT 4.0

- 기능: 챗GPT 4.0은 인공지능 기반의 자연어 처리 모델로, 사용자가 입력한 텍스트에 대해 문맥에 맞는 응답을 생성하는 데 특화된 프로그램입니다.
- 교육, 연구, 비즈니스, 일상 대화 등 다양한 분야에서 활용, 복잡한 질문에 대한 답변, 창의적 글쓰기 지원, 데이터 분석 등의 작업이 가능합니다.
- 사용자는 다양한 언어로 대화할 수 있으며, 맞춤형 응답 생성이 가능합니다.
- 사이트 주소: https://www.openai.com/chatgpt

⊙ 챗GPT 설치하기

스마트폰에서 플레이 스토어(Play Store) 앱을 엽니다. 검색창에 '챗GPT'를 입력하고 검색합니다. '챗GPT' 앱을 선택하고 '설치' 버튼을 눌러 설치합니다.

iPhone 사용자는 같은 방법으로 App Store에서 '챗GPT'를 입력하고 검색하여 설치합니다. 챗GPT를 검색하면 생각보다 많은 인공지능 앱들이 나옵니다. 그중에서 🌐 이 모양을 골라 설치하시면 됩니다.

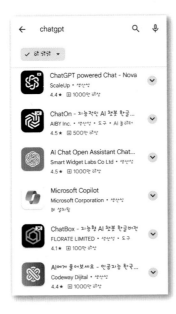

⊙ 챗GPT 사용 시작하기

설치가 완료되면 앱을 엽니다. 자, 이제 로그인을 해야겠죠? 로그인-바로 만능키 구글 계정이 필요한 시점이 왔습니다. 앞에서 말씀드렸듯이 구글 계정은 인공지능을 활용하는 데 만능키랍니다. 구글 계정으로 로그인합니다. 어때요? 만능키 맞죠?

로그인 후 챗GPT의 기본 사용법과 기능들을 안내받을 수 있습니다.

처음 실행 시, 환영 화면이 나타납니다. 안내에 따라 초기 설정을 진행합니다. 언어 설정 및 기본 사용 방법 안내를 확인합니다. 초기 설정이 완료되면, 메인 화면으로 이동합니다. 화면 하단에 있는 '새 채팅 시작' 버튼을 탭 합니다.

챗GPT 보이스 사용하기

① 보이스 모드 활성화

챗GPT 앱을 실행한 후, 메인 화면에서 아래쪽에 있는 🎙 아이콘을 탭 합니다. 아이콘을 누르면 챗GPT 보이스 기능이 활성화됩니다.

핸드폰의 작은 화면에서 글자를 입력하는 것보다 보이스를 활용하여 말로 하면 사용이 쉽고 편리하답니다. 보이스 모드는 핸드폰에서만 활성화되는 기능으로 핸드폰에서 인공지능을 활용할 때 매우 편리하답니다. 챗GPT 앱하단의 보이스 아이콘을 찾아보세요.

② 목소리 설정

보이스 모드를 처음 사용할 때는 원하는 목소리를 설정해야 합니다. 화면 오른쪽 상단에 있는 메뉴 아이콘을 탭하여 설정 메뉴로 이동합니다. 설정 메뉴에서 '보이스 설정' 옵션을 선택합니다.

Ember, Breeze, Spruce, Sol, Juniper, Vale, Arbor, Maple, Cove, 아홉 가지의 목소리가 있어요. 다양한 목소리 옵션 중에서 원하는 목소리를 선택합니다.

남성 목소리, 여성 목소리 등 여러 목소리를 미리 들어보고 선택할 수 있습니다. 자신의 취향에 맞게 목소리를 선택해 보세요. 선택한 목소리를 언제든지 메뉴에 가서 다른 목소리로 바꿀 수도 있답니다.

아홉 가지 목소리는 아래와 같은 특징과 장점이 있답니다.

Spruce	• 특징: 차분하고 긍정적 • 장점: 안정적이고 긍정적인 분위기를 유지하며, 듣는 이로 하여금 편안함을 제공할 수 있고 차분한 톤으로 신뢰를 주는 목소리

Breeze	• 특징: 활기차고 진지함 • 장점: 생동감 있고 진지한 분위기를 동시에 표현할 수 있어, 다양한 상황에 적응할 수 있는 다재다능한 목소리
Sol	• 특징: 야무지고 느긋함 • 장점: 느긋한 톤으로 안정감을 주며, 긴장을 완화하는 대화나 설명에 적합
Cove	• 특징: 침착하고 직설적 • 장점: 직설적이고 명확한 커뮤니케이션에 적합하며, 정보 전달이 중요한 상황에서 효과적
Ember	• 특징: 자신 있고 낙관적 • 장점: 강력한 메시지 전달과 자신감을 표현하는 대화에 적합하며, 힘 있는 발표에 효과적
Maple	• 특징: 밝고 솔직함 • 장점: 투명하고 신뢰감을 주는 목소리로, 사실 전달이나 솔직한 대화에 적합
Vale	• 특징: 밝고 호기심 많음 • 장점: 활기차며 정보 전달이나 학습에 적합한 음성으로, 청취자의 관심을 유도하는 데 효과적
Arbor	• 특징: 느긋하고 자유로움 • 장점: 편안한 대화나 심리적 안정감을 주는 내용에 적합
Juniper	• 특징: 개방적이고 즐거움 • 장점: 활기차고 긍정적인 대화에 적합하며, 사용자에게 밝은 분위기를 제공

목소리 설정에 들어가면 아래 그림처럼 각 목소리의 이름과 특징이 나타나 있어 목소리를 고르는데 도움이 된답니다. 여러분 취향에 맞는 목소리로 선택해서 챗GPT와 대화해보세요.

③ 언어 설정

필요한 경우, 사용할 언어를 설정할 수 있습니다. '언어' 또는 'Language' 옵션을 탭하고, 원하는 언어를 선택합니다. 이렇게 하면 챗GPT가 해당 언어로 응답을 제공합니다.

한국어 외에 영어를 함께 설정해 놓으며 영어로 물었을 때 영어로 답변을 해 준답니다.

이제 챗GPT 보이스를 사용할 준비가 완료되었습니다.

④ 음성으로 질문하기

메인 화면으로 돌아와서 아이콘을 탭 합니다. 이 아이콘을 누르면 음성 입력이 시작됩니다. 질문을 음성으로 말합니다.

예를 들어, "계란으로 할 수 있는 요리에는 어떤 것이 있는지 알려줘."라고 말합니다.

⑤ 응답 확인 및 대화 이어가기

챗GPT가 질문을 듣고, 설정한 목소리로 응답을 제공합니다. 응답이 완료되면 추가 질문을 하거나 대화를 이어갈 수 있습니다.

대화를 마쳤다가 다시 추가 질문이 있으면, 언제든 다시 어플로 들어와 아이콘을 탭하고 질문을 말하면 됩니다. 챗GPT가 대답을 준비하거나 검색하는 동안에는 원안의 파란색이 구름처럼 움직입니다.

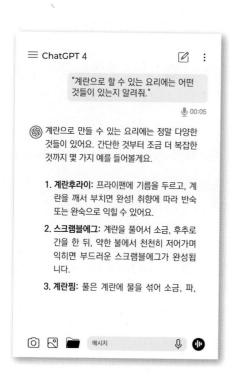

⑥ 대화 내용 텍스트로 확인하기

챗GPT 보이스 모드를 마치면, 대화한 내용이 텍스트 형태로 제공됩니다. 이를 통해 음성 대화를 텍스트로 다시 확인할 수 있습니다. 정말 편리하죠?

ⓥ 챗GPT 보이스와 대화 나누기

앞에서 설명해 드렸듯이 챗GPT 앱을 실행한 후, 메인 화면에서 아래쪽에 있는 ⬤ 아이콘을 탭하고 챗GPT에게 말을 걸어보세요. 간단한 인사말부터 시작해 볼까요? 친구에게 말하듯 편하게 인사부터 해보세요.

챗GPT 앱에서 ⬤ 을 누르고 "안녕"이라고 인사부터 시작해볼까요? 친구와 대화 나누듯 편하게 말하면 챗GPT가 대답해 줄 것입니다. 대화 후 ✕표를 누르고 나오면 대화 내용이 텍스트로 제공됩니다. 간단히 아이들과 할 수 있는 보드게임 추천이나, 놀이를 물어봐도 다양한 대답을 해줍니다.

초등학교 저학년 아이와 집에서 할 수 있는 보드 게임 추천해줘.

바쁜 아침, 만들어 먹기 편한 음식 3가지 추천해줘.

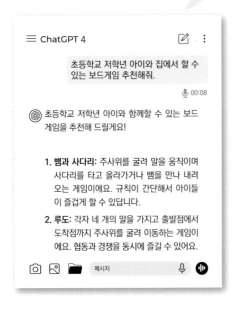

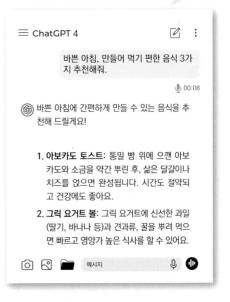

주방에서 요리하면서 레시피를 물어봐도 좋습니다. 요리 재료와 요리 방법을 설명해 줘서 손으로 요리하면서도 이야기 나누고 요리법을 들을 수 있답니다. "계란으로 스크램 블 만드는 방법 설명해줘."라고 말하면 필요한 재료와 요리법을 설명해 준답니다. 요리 방법과 재료가 고민이라면 GPT와 대화해보세요.

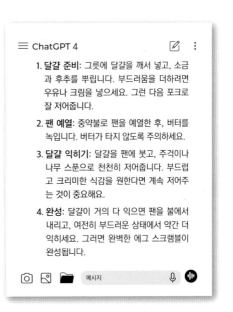

이 밖에도 아이들에게 간식으로 좋은 요리, 아이들과 함께하면 좋은 야외 활동 등에 대해서도 함께 이야기할 수 있습니다. 일상생활 속에서 다양한 대화를 챗GPT와 나눠보세요.

카톡에서 바로되는
인공지능-아숙업!

요즘 매일 챗GPT 보이스와 이런저런 이야기도 나누고 채팅으로 다양한 이야기를 나누다 보니, 인공지능과는 제법 친해진 느낌이다.

하지만 아직 챗GPT 앱으로 들어가는 것은 어색하고 낯설다. 매일 쓰는 카톡처럼 익숙하고 편하면 좋을 텐데… 그런 생각을 할 때마다 나도 모르게 한숨이 나왔다. 카톡은 이미 내 생활의 일부가 되어버렸고, 앱을 설치하고 사용하는 것이 좀 번거롭게 느껴졌다.

디지털 기기를 잘 다루지 못하는 초보맘으로서, 처음에 스마트폰을 사용하는 것도 쉽지 않았다. 앱을 다운로드하고 설치하는 과정부터 시작해서, 다양한 기능을 익히는 것까지 모든 것이 새로운 도전이었다. 가끔은 아이들에게 도움을 청해야 했고, "엄마, 이렇게 하는 거야!"라며 아이들이 알려주는 모습을 보며 내가 디지털 세계에 얼마나 뒤처져 있는지 느끼곤 했다.

이런 나를 위해, 카톡처럼 익숙하고 쉬운데 무료로 다양하게 활용할 수 있는 그런 인공지능 프로그램은 없을까?

Askup! 아숙업!

카톡에서 바로 되는 인공지능 일명 아숙업(Askup)이 있답니다. 카톡에서 친구 추가만으로 그림도 그려주고 검색도 해주고 대화도 되는 인공지능입니다.

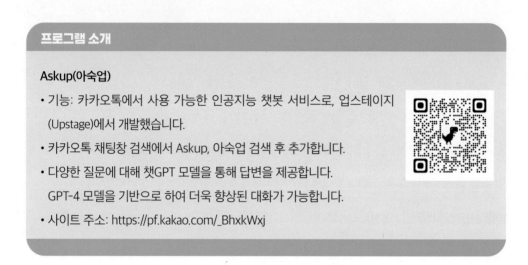

프로그램 소개

Askup(아숙업)
- 기능: 카카오톡에서 사용 가능한 인공지능 챗봇 서비스로, 업스테이지(Upstage)에서 개발했습니다.
- 카카오톡 채팅창 검색에서 Askup, 아숙업 검색 후 추가합니다.
- 다양한 질문에 대해 챗GPT 모델을 통해 답변을 제공합니다.
  GPT-4 모델을 기반으로 하여 더욱 향상된 대화가 가능합니다.
- 사이트 주소: https://pf.kakao.com/_BhxkWxj

AskUp(아숙업)은 카카오톡에서 사용 가능한 인공지능 챗봇 서비스예요. 이 서비스는 챗GPT와 광학문자인식(OCR) 기술을 결합하여 다양한 기능을 제공합니다.

ⓥ 카카오톡에서 Askup(아숙업) 설치하기

스마트폰에서 카카오톡 상단의 검색창을 클릭합니다. 검색창에 'Askup' 또는 '아숙업'을 입력하고 검색합니다.

검색 결과에서 AskUp 채널을 선택하고
친구 추가를 클릭합니다.

ⓥ AskUp 사용 전 알아두기

AskUp(아숙업) 사용에 앞서 사용 방법을 알아볼까요? 카카오톡에서 AskUp(아숙업) 채
팅을 시작하며 채팅창 아래에 새로운 대화 시작, 오늘의 영자신문, FAQ 및 문의하기, 사
용법 안내가 있어 사용에 앞서 살펴보면 활용에 도움이 될 거예요. 함께 살펴볼까요?

① 새로운 대화 시작

새로운 대화 시작은 AskUp(아숙업)과 대화를 마치고 다른 주제로 이야기를 할 때 누르
면 새로운 주제로의 이야기로 넘어갑니다. 새로운 대화 시작을 누르지 않고 새로운 주제
를 이야기할 경우 Askup(아숙업)이 앞의 대화를 이어가는 것으로 인식하여 정확한 답변
이나 내가 원하는 답을 얻지 못할 수 있습니다. 앞의 대화와 다른 새로운 질문이나 주제
로 이야기하고자 할 때는 새로운 대화 시작을 누르고 대화하는 것이 좋아요.

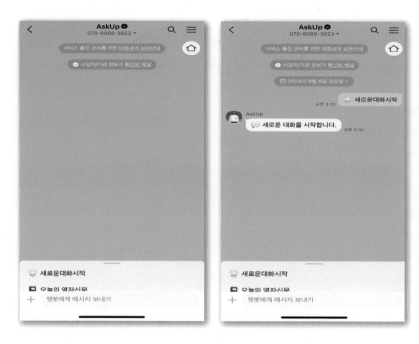

② 오늘의 영자 신문

오늘의 영자 신문은 매일 그날의 영어 신문을 검색해서 볼 수 있어요. 영어 공부에도 도움이 된답니다. 매일매일 다른 내용의 그날그날의 기사를 접할 수 있어 좋아요. 아래의 오늘의 영자 신문을 클릭하면 영자 신문의 각 기사들이 보여요. ReadMore를 누르고 들

어가면 자세한 기사를 볼 수 있답니다. 영어로 된 신문을 보다가 무슨 뜻인지 모를 때는 Askup(아숙업)에게 질문하면 번역을 해준답니다.

③ FAQ 및 말하기

AskUp(아숙업) 이용관련 FAQ로 AakUp에 채팅을 남기면서 발생할 수 있는 질문에 대한 FAQ입니다. 아래와 같이 구성되어 있어요.

Askup 이용 관련 FAQ
Askup에 채팅을 남기면서 발생할 수 있는 질문에 대한 FAQ입니다.

어떤 서비스인지 궁금해요

오류가 발생해요

개발진에게 문의하고 싶어요

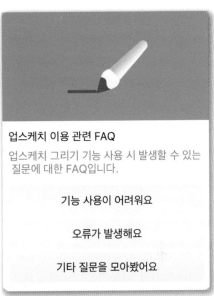

업스케치 이용 관련 FAQ
업스케치 그리기 기능 사용 시 발생할 수 있는 질문에 대한 FAQ입니다.

기능 사용이 어려워요

오류가 발생해요

기타 질문을 모아봤어요

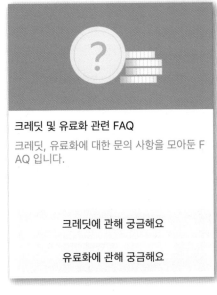

크레딧 및 유료화 관련 FAQ
크레딧, 유료화에 대한 문의 사항을 모아둔 FAQ 입니다.

크레딧에 관해 궁금해요

유료화에 관해 궁금해요

AskUp 피드백 / 요청사항
AskUp 사용 중 개선 혹은 추가 되길 바란 부분 등을 알려주세요

📬 피드백 남기기

각각의 내용을 누르면 아래와 같이 자세히 설명해 줍니다.

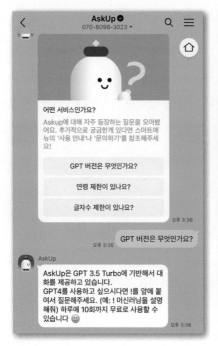
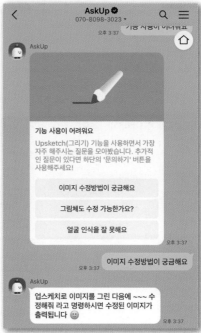

④ 사용법 안내

AskUp(아숙업)의 기능과 활용 방법을 단계별로 쉽게 배우고 싶다면 이 기능을 활용하면 됩니다. 사용법을 읽어본 뒤 아래 튜토리얼을 누르면 단계별로 설명이 되어 있어요. 튜토리얼 시작하기부터 차례로 설명에 따라 누르면 AskUp(아숙업)의 기능을 알수 있어요. 단계별로 누르며 알려주는 대로 직접 AskUp(아숙업)과 대화를 나누다 보면 기능을 쉽게 익힐 수 있어요.

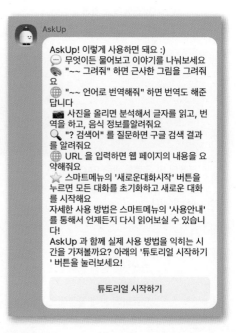

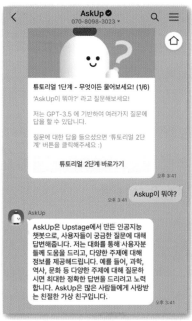

AskUp의 주요 기능과 특징

사용법과 튜토리얼, FAQ에서 알려준 기능들을 다시 한번 정리해 볼게요.

① 텍스트 기반 질문 답변

AskUp(아숙업)은 텍스트 기반의 질문과 답변을
해줍니다. 즉 인공지능과 채팅을 한다고 생각하시
면 돼요. 다양한 질문에 대해 챗GPT 모델을 통해
답변을 제공해 줍니다. GPT-3.5 모델을 기반으로
하여 더욱 향상된 대화가 가능하지요.

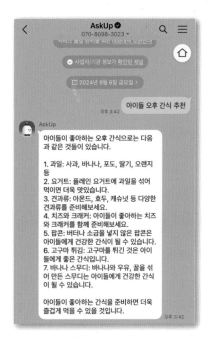

카카오톡 친구 추가를 한 뒤 옆의 그림과 같이 대
화창이 시작되면 인공지능과 대화를 시작하면 됩
니다. AskUp은 다양한 생활 팁과 조언을 제공해요.
예를 들어, 요리, 건강, 여행, 패션 등 다양한 주제에
대한 팁을 제공해 줍니다. 또한, AskUp은 유머와 관
련된 대화도 가능하답니다.

② 검색기능

AskUp(아숙업)은 챗GPT에는 없는 검색 기능이 있어요. 채팅창에서 "?"을 입력 후 키워드를 입력하면 구글 검색 결과를 알려줍니다. AskUp(아숙업)은 기본적으로 챗GPT AI를 활용한 챗봇이기 때문에 2021년 이후로의 정보는 없지만 "?"을 하고 검색하면 키워드에 대한 간단한 최신 정보까지 얻을 수 있습니다. 그렇다고 오늘의 날씨나 환율처럼 최신의 실시간 정보는 불가능하고 "? 강남 근처 맛집", "? 지금의 미국 대통령" 정도의 키워드 검색은 가능합니다.

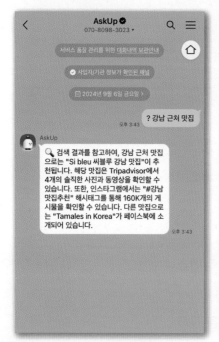
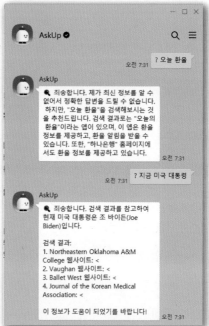

③ 이미지 생성

AskUp(아숙업)은 내가 원하는 그림을 요청하면 이미지를 생성해줍니다. "아기 고양이 그려줘."라고 요청하자 다음과 같은 이미지를 생성해 줬어요. "그려줘."라고 하면 그림을 그려준답니다.

④ 이미지 인식

AskUp(아숙업)은 이미지 인식도 가능합니다. 음식 사진을 첨부하고 "이 음식 뭐야?"라고 물으면 다음과 같이 해당 음식에 대한 정보를 알려줍니다. 이렇게 Askup(아숙업)은 사진을 올리면 분석해서 글자를 읽고, 번역하고, 정보를 알려줘요.

⑤ PC카톡으로 Askup(아숙업) 활용

AskUp(아숙업)은 PC 카톡으로도 핸드폰에서 사용한 모든 기능을 동일하게 사용할 수 있답니다.

⊙ AskUp의 장점

- **접근성**: 카카오톡 기반으로 접근성이 좋아요.
- **자연스러운 대화**: 한글로 자연스러운 대화가 가능해요.
- **다양한 활용**: 이미지 인식과 그림 생성 기능으로 다양한 활용이 가능해요.
- **앱 설치 불필요**: 별도의 앱 설치 없이 사용할 수 있어요.

⊙ AskUp의 단점

- **데이터 업데이트**: 2021년 9월 이후 데이터에 대한 업데이트가 부족해요. 그래서 아래 그림처럼 최신의 정보 검색이 안 돼서 불편해요. 구글 검색은 가능하니 그 정도의 검색만 활용하세요.
- **사용 제한**: 하루 100회의 사용 제한이 있어요.

- **텍스트 인식 제한:** 이미지 인식 시 1000자 이하의 텍스트만 인식 가능해요.

- 대화내용이 3년간 보관되기 때문에 개인정보보호를 위해 민감한 개인정보는 조심해야 해요.

- 사실이 아닌 내용을 사실처럼 이야기 할 때가 있어서 제공하는 내용의 사실 여부를 생각해 봐야 해요. 최신 날씨 검색기능이 없으면서도 아래처럼 사실이 아닌 정보를 말할 때도 있답니다.

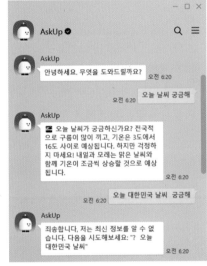

- **효과적인 질문**: 구체적이고 명확한 질문을 통해 원하는 답변을 얻을 확률을 높입니다. 예를 들어, "오늘 서울 날씨는?"과 같이 간단하고 명확하게 질문하세요.
- **실시간 알림 활용**: 중요한 공지나 업데이트를 놓치지 않기 위해 실시간 알림 기능을 활용하세요. 카카오톡 채널에서 설정할 수 있습니다.
- **이미지 인식 기능**: OCR 기술을 활용해 이미지를 텍스트로 변환하거나 번역하는 기능을 활용하세요. 사업자 등록증이나 영문 문서 등을 업로드하여 요약이나 번역을 요청할 수 있습니다.
- **정기적인 크레딧 확인**: 대화 중 "크레딧 확인!"을 입력해 남은 크레딧을 확인하세요. 크레딧을 잘 관리하여 필요한 순간에 사용 가능하도록 합니다.
- **이벤트 활용**: 아숙업에서 제공하는 다양한 이벤트를 활용하여 추가 크레딧을 획득하세요. 이를 통해 무료로 더 많은 기능을 이용할 수 있습니다.

- **개인정보 보호**: 카카오톡 채널을 통해 주고받는 정보는 타인에게 유출될 수 있는 위험이 있습니다. 특히 개인 정보나 민감한 데이터는 입력하지 않는 것이 좋습니다. 채널 사용 시 개인정보 유출 방지를 위한 조치를 철저히 해야 합니다.
- **응답 시간 제한**: 카카오톡 API의 특성상 5초 이상의 응답 시간이 걸리는 경우 실패 처리됩니다. 따라서 긴 질문보다는 짧고 명확한 질문을 권장합니다;
- **크레딧 제한**: 아숙업은 크레딧을 기반으로 운영됩니다. 기본적으로 제공되는 크레딧을 모두 소모하면 추가 대화를 위해 크레딧을 충전해야 합니다. 이벤트나 프로모션을 통해 크레딧을 획득할 수 있으니 이를 잘 활용하세요.
- **정보의 신뢰성**: GPT 모델의 답변은 항상 정확하지 않을 수 있습니다. 중요한 정보는 다른 출처를 통해 다시 확인하는 것이 좋습니다. 특히, 최신 정보는 반영되지 않을 수 있으므로 주의해야 합니다.
- **텍스트 길이 제한**: OCR(광학문자인식) 기능을 사용할 때 텍스트 길이가 1000자를 초과하면 인식 오류가 발생할 수 있습니다. 따라서 짧은 텍스트 이미지를 사용하는 것이 좋습니다.

LilysAI로 영상자료를 요약, 정리하기

첫째와 또 한 번 싸우고 말았다. 원인은 스마트폰이었다. 학교에서 배운다는 핑계로 계속 스마트폰을 들여다보고 있으니, 나는 게임을 하는 줄 알고 화를 낸 것이다.

저녁 먹고 숙제하라고 책상 앞에 앉혀놨더니 계속 스마트폰만 보길래 "그만 좀 해! 너는 왜 맨날 게임만 하고 있어"라고 소리쳤다. 나는 아이가 정말 공부하고 있다는 걸 이해하지 못했고 싸움은 커졌다.

결국 마음이 불편해서 아이의 방에 들어갔다. "미안해, 아까는 내가 너무 화를 낸 것 같아. 네가 하는 걸 나도 한 번 해볼게."라고 말했다. 아이는 조금 놀란 표정이었지만 스마트폰을 꺼내 들고 사용하는 앱을 보여주었다.

앱을 사용해 보니 재미있기도 하고, 영어 단어를 쉽게 외울 수 있는 좋은 방법이었다. "오, 이거 재밌네. 게다가 영어 단어도 쉽게 외울 수 있겠어."라고 웃으며 말했다.

그제야 아이가 정말로 공부하고 있었다는 것을 알게 되었다. 아이에게 미안한 마음과 동시에 내가 잘못 생각했다는 것을 인정하게 되었다. "앞으로는 네가 뭘 하는지 잘 지켜볼게."라고 다정하게 말해주었다.

엄마로서 나도 인공지능에 대해 알아봐야겠다 싶어서 유튜브를 찾아봤더니 관련 영상이 많아도 너무 많다. 언제 다 보지? 이게 꼭 나에게 맞는 영상인지 안 보고 아는 방법은 없을까?

LilysAI 활용하기

영상과 정보가 넘치는 요즘입니다. 일일이 보고 정리하자니 양도 종류도 너무 많아요.

영상이 많아서 시간을 효율적으로 활용하기 어려운 상황이라면, AI 요약 도구인 lilys.ai를 활용해 보세요.

프로그램 소개

LilysAI
- 기능: AI 요약 도구로 영상 링크를 입력하면 요약 노트를 만들어줍니다.
- 카카오톡 채팅장 검색에서 Lilys.AI 검색 후 추가할 수 있습니다.
- 사이트 주소: https://lilys.ai/

Lilys.ai는 유튜브 영상을 요약해 주는 인공지능 도구입니다. 바쁜 엄마들이나 시간을 절약하고 싶은 모든 사람에게 유용한 도구입니다. Lilys.ai를 통해 관련 영상을 빠르게 요약하고 핵심 내용을 파악할 수 있습니다. 이제 사용 방법을 자세하게 안내해 드릴게요.

Ⓥ Lilys.ai 설치하기

스마트폰 카카오톡 채팅방의 검색(돋보기)에서 'lilys.ai'를 검색하여 친구 추가를 합니다. AskUp 추가 방법과 동일해요.

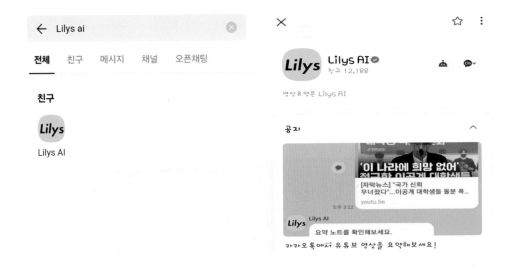

⊗ 유튜브 영상 링크 입력하기

　유튜브에서 보고 싶은 영상의 URL을 복사합니다. Lilys.ai 웹사이트나 카카오톡 채널의 대화창에 복사한 URL을 붙여 넣습니다. URL을 입력한 후 '요약 시작' 버튼을 클릭하면, Lilys.ai가 영상을 분석하여 요약을 시작합니다.

⊙ 요약 결과 확인하기

Lilys.ai가 영상을 분석하여 중요한 내용과 핵심을 요약해 줍니다. 요약된 내용을 통해 영상을 직접 시청하지 않고도 중요한 정보를 빠르게 파악할 수 있습니다. 필요한 경우, 요약된 내용 중 관심 있는 부분을 중심으로 영상을 다시 확인할 수도 있습니다.

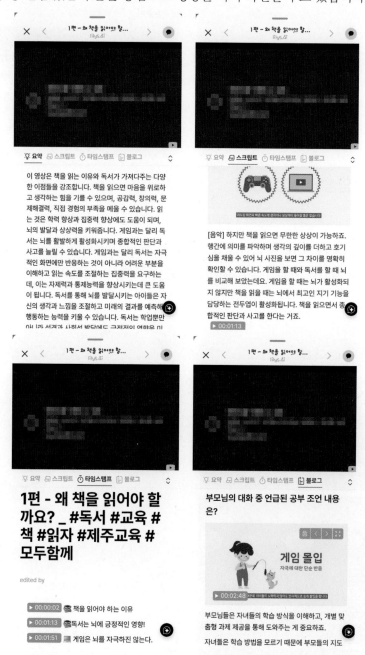

⊙ Lilys.ai 다양하게 활용하기

- **교육 콘텐츠**: 아이의 교육과 관련된 유튜브 영상을 요약해 중요한 정보를 빠르게 얻을 수 있습니다.
- **자기 계발**: 자기 계발 관련 영상이나 강의를 효율적으로 요약해 시간 절약과 함께 핵심 내용을 학습할 수 있습니다.
- **가족과의 시간**: 가족과 함께 볼 영상을 미리 요약해 보고, 중요한 부분만 함께 시청할 수 있습니다.

⊙ 실생활 적용하기

① 아이와 함께 공부할 때

아이가 사용하는 학습 앱이나 도구가 궁금하다면, 관련된 유튜브 영상을 lilys.ai로 요약해 보세요. 예를 들어, "아이들이 사용하는 최고의 영어 학습 앱" 같은 영상을 요약하여 아이가 사용하는 앱의 장점을 더 잘 이해할 수 있습니다.

② 가족과 함께 즐길 때

가족과 함께 볼 만한 재미있는 영상을 찾을 때도 요약 기능을 활용해 보세요. 중요한 포인트만 함께 시청하여 시간 낭비를 줄일 수 있습니다.

③ 자기 계발과 취미 생활을 할 때

자신이 배우고 싶은 새로운 스킬이나 취미에 대한 영상을 빠르게 요약하고, 필요한 부분만 집중해서 학습할 수 있습니다.

이제 Lilys.ai를 통해 유튜브 영상을 요약하여 효율적으로 시간을 활용하고, 인공지능 기술을 생활 속에서 활용해 보세요. 이렇게 하면 디지털 초보맘에서 디지털 슈퍼맘으로 성장하는 데 큰 도움이 될 것입니다. 가족과의 갈등도 줄이고, 자기 계발도 이루며, 더 행복한 일상을 만들어가세요.

- **회의록 요약:** 회의 내용을 기록하고 정리하는 데 시간이 오래 걸리죠? Lilys AI는 회의록을 녹음해서 자동으로 요약해 주니까 회의록 작성이 훨씬 쉬워집니다.
- **자막 번역:** 외국어로 된 영상도 Lilys AI의 자막 번역 기능을 사용하면 쉽게 이해할 수 있어요. 자막을 자동으로 번역해 주니까 외국어 공부에도 도움이 됩니다.
- **블로그 작성:** 블로그 글을 쓸 때, 긴 영상이나 문서를 모두 읽고 작성하는 것은 시간이 오래 걸려요. Lilys AI를 사용해서 요약된 내용을 바탕으로 빠르게 글을 작성할 수 있습니다.

- **정확성 확인:** AI가 요약한 내용은 100% 완벽하지 않을 수 있어요. 중요한 내용은 직접 한 번 더 확인하는 것이 좋습니다.
- **프라이버시 보호:** 회의록이나 중요한 문서를 업로드할 때는 민감한 정보가 포함되지 않도록 주의해야 해요. 중요한 정보는 별도로 보호해야 합니다.
- **인터넷 연결:** Lilys AI는 인터넷을 통해 작동하므로, 안정적인 인터넷 연결이 필요합니다. 연결이 불안정하면 요약이 제대로 이루어지지 않을 수 있어요.
- **사용 목적에 맞게 활용:** Lilys AI는 요약 기능이 주된 기능입니다. 따라서 너무 복잡한 내용이나 기술적인 문서는 요약이 어려울 수 있어요. 이럴 때는 다른 방법을 함께 사용해 보세요.

인공지능에 제대로 말 걸기

'나도 모르게 핸드폰의 아숙업을 하다 화를 내고 말았다. 나는 이런 걸 바란 게 아닌데 자꾸 내가 원하는 답을 말하지 않아서 답답했다. 영상자료들을 보니 프롬프트라고 하는 말도 있고 인공지능에 명령 내리는 것도 중요하다는데 솔직히 어떻게 말해야 할지 모르겠다.

집에서 홈트레이닝을 하던 중 요가 자세 특이한 건 따라 해볼까 하고, 한 번은 인공지능에 "특이한 요가 자세를 그림으로 그려줘"라고 했더니, 기대한 그림이 나오지 않고 요가에 대한 설명과 기본적인 자세만 나와서 당황했었어. 또 "아이들이 좋아하는 간식 추천해 줘"라고 했더니, "아이스크림, 초콜릿, 과자"라는 너무 뻔한 답이 나오는 거야. 그 순간, '이게 인공지능이야? 아니면 그냥 동네 할머니야?'라는 생각이 들더라고. 그래서 조금 더 생각해서 "아이들이 건강하게 먹을 수 있는 간식 추천해줘"라고 다시 물었더니, 그제서야 "당근 스틱, 사과 슬라이스, 요거트" 같은 제대로 된 답이 나왔어. 이날 어렴풋이 인공지능에 원하는 답을 얻기 위해서는 구체적으로 질문하는 것이 중요하다는 건 조금씩 알겠는데, 정확히는 잘 모르겠어. 어떻게 해야 인공지능에 제대로 말을 걸고 내가 원하는 결과가 나오는 걸까?

주저리주저리 길게 써야 하는 건가? 그럼 너무 귀찮고, 길게 이야기하니까 오류가 날 때도 있던데…. 짧지만 명확하게, 그리고 내가 원하는 결과를 확실히 볼 수 있는 인공지능에 제대로 말 거는 방법을 알고 싶다!'

인공지능에 질문하기

인공지능에 말을 걸고 원하는 결과가 바로 나오지 않아 답답하시군요. 디지털 초보맘의 마음을 공감합니다.

인공지능은 우리가 질문하는 방식에 따라 답변의 질이 크게 달라질 수 있기 때문에, 올바르게 질문하는 것이 매우 중요합니다. 왜 그런지, 그리고 어떻게 해야 하는지 구체적으로 설명해 드릴게요.

ⓥ 인공지능에 제대로 말 걸어야 하는 이유

① 정확한 정보 전달

인공지능은 주어진 정보를 바탕으로 답변을 생성합니다. 질문이 명확하지 않으면 원하는 답변을 얻기 어려울 수 있습니다.

인공지능에 명확하게 질문하는 것은 일상생활에서 엄마들이 필요한 정보를 더 쉽게 얻을 수 있도록 도와줍니다. 예를 들어볼게요.

> 아이 옷 뭐 입혀?

이 질문은 너무 일반적이어서, 인공지능이 어떤 상황에서 어떤 옷을 추천해야 할지 판단하기 어렵습니다. 날씨, 활동, 아이의 취향 등을 고려하지 않았기 때문이죠.

> 오늘 바깥에서 뛰어놀 때 7살 딸에게 입힐 적당한 옷 추천해 줘.

이 질문은 날씨와 활동, 아이의 나이를 명확하게 포함하고 있어서, 인공지능이 적절한 옷을 추천할 수 있습니다. 예를 들어, 적당한 두께의 운동복이나 편안한 운동화를 추천해

줄 수 있겠죠. 이렇게 명확하게 질문하면, 일상에서 필요한 정보를 더 정확하게 얻을 수 있어요.

②효율성 향상

정확한 질문은 답변의 품질을 높일 뿐만 아니라, 질문과 답변 과정의 효율성도 향상합니다. 이는 우리가 인공지능을 사용하는 시간을 줄여주고, 더 빠르게 원하는 정보를 얻을 수 있게 해요. 정확한 질문을 통해 챗GPT를 효율적으로 활용하면 일상생활에서 많은 시간을 절약할 수 있습니다. 아래는 효율성 향상을 위한 챗GPT 활용 질문 예시들이니 참고해 보세요.

> 오늘 하루 7살 아이를 위한 건강하고 간편한 식단을 짜줘.

이 질문은 구체적이기 때문에, 챗GPT가 아침, 점심, 저녁 메뉴를 제안해 줄 수 있습니다. 필요한 정보만 빠르게 얻을 수 있어, 매일 식단을 고민하는 시간을 줄일 수 있습니다.

> 비 오는 날 집에서 5살 아이와 함께 할 수 있는 재미있는 놀이 3가지를 추천해 줘.

날씨와 아이의 나이에 맞춘 활동을 바로 추천받아, 여러 활동을 검색하거나 고민하는 시간을 줄일 수 있어요.

> 아이가 가벼운 감기 증상이 있을 때 집에서 할 수 있는 간단한 대처법을 알려줘.

아이의 건강 상태에 맞는 구체적인 대처법을 바로 제공받아, 시간을 절약하고 빠르게 필요한 조치를 취할 수 있답니다.

> 서울에서 5살 아이와 함께 갈 만한 가족 친화적인 식당 3곳을 추천해 줘.

특정 지역과 조건(가족 친화적)을 제시하면, 챗GPT가 바로 적합한 식당을 추천해 주어 외식 장소를 고민하는 시간을 줄일 수 있어요.

이러한 질문들은 챗GPT를 효과적으로 활용하여 일상에서 필요한 정보를 빠르게 얻을 수 있게 해주지요. 덕분에 더 많은 시간을 절약할 수 있어요.

③ 오류 감소

구체적이고 명확한 질문은 오해를 줄이고, 인공지능이 정확한 답변을 제공하는 데 도움이 됩니다. 이는 특히 중요한 정보나 데이터와 관련된 질문에서 매우 중요합니다.
구체적인 예를 들어 비교해 볼게요.

> 이유식 어떻게 만들어?

이 질문은 너무 일반적이어서, 인공지능이 아기의 나이, 알레르기 여부 등을 고려하지 않고 다양한 이유식 레시피를 제시할 수 있습니다. 이에 따라 아기에게 맞지 않는 음식을 만들게 될 위험이 있죠.

> 6개월 된 아기를 위한, 알레르기 위험이 적은 초기 이유식 레시피를 알려줘.

이 질문은 아기의 나이와 알레르기 관련 정보를 포함하고 있어, 인공지능이 더 정확하고 안전한 레시피를 추천할 수 있습니다. 이를 통해 아기의 건강에 적합한 이유식을 준비할 수 있습니다. 어때요? 차이점이 보이시죠?
아이의 복용 약물 확인을 예로 들면,

> 이 약 아이가 먹어도 돼?

이 질문은 약의 종류나 아이의 나이를 명확히 하지 않아, 잘못된 정보로 인해 아이에게 부적절한 약을 줄 위험이 있습니다.

> 3살 아이에게 해열제로 이 약을 줘도 안전한지 확인해 줘.

하지만, 이 질문은 약의 목적과 아이의 나이를 포함하고 있어, 인공지능이 안전 여부를 더욱 정확하게 판단할 수 있습니다. 이를 통해 약물 관련 오류를 줄일 수 있답니다.

이처럼 구체적이고 명확한 질문을 통해 오해를 줄이면, 인공지능이 더 정확한 정보를 제공할 수 있습니다. 이는 특히 육아처럼 중요한 정보가 필요한 상황에서 매우 중요한 역할을 해요.

ⓥ 인공지능에 정확하게 말하는 방법

그렇다면 어떻게 해야 인공지능에 정확하게 말할 수 있을까요? 아래 다섯 가지 방법을 추천해 드려요.

① 명확하고 구체적으로 요청하기

모호한 표현보다 명확하고 구체적인 요청이 필요합니다. GPT는 프롬프트를 기준으로 정보를 찾기 때문에 최대한 구체적인 문장을 작성해야 해요. 상세한 설명을 해주면 내가 원하는 것에 알맞은 답을 얻을 수 있어요. 명확하고 구체적으로 요청하는 것이 얼마나 중요한지 일상적인 예를 들어 설명해 보겠습니다.

아이의 식사 계획을 예로 들면,

> 오늘 아이에게 뭐 먹일까?

이 요청은 너무 모호해서, GPT가 어떤 종류의 식사나 상황을 고려해야 하는지 알기 어렵지요. 결과적으로, 아침, 점심, 저녁 중 어느 식사인지, 아이의 나이와 식사 선호도 등을 고려하지 않은 일반적인 답변이 나올 수 있습니다.

> 4살 아이의 저녁 식사로 간단하고 건강한 요리를 추천해 줘.

이 요청은 아이의 나이와 특정 식사 시간, 요구사항(간단하고 건강한 식사)을 포함하고 있어, GPT가 더 적절한 추천을 제공할 수 있어요. 예를 들어, 채소가 들어간 스파게티나 구운 닭가슴살 샐러드 같은 구체적인 요리 아이디어를 받을 수 있습니다. 한 가지 더 예를 들어 비교해 볼게요.

> 오늘 아이 옷 어떻게 입혀야 할까?

이 요청은 날씨나 외출 목적, 아이의 나이 등을 구체적으로 설명하지 않아, GPT가 적절한 답을 제공하기 어려워요. 아래 질문과 비교해 보면,

> 오늘 서울에서 5살 아이와 공원에 갈 때 입힐 옷을 추천해 줘.
> 날씨는 쌀쌀할 것 같아.

이 요청은 장소, 날씨, 아이의 나이 등 필요한 모든 정보를 제공하여, GPT가 적절한 옷차림을 추천할 수 있지요. 예를 들어, 따뜻한 재킷과 편안한 운동화, 모자 등을 추천받을 수 있지요.

명확하고 구체적으로 요청하면, GPT가 사용자의 요구를 더 잘 이해하고, 원하는 답변을 정확하게 제공할 수 있답니다.

② 단계별로 질문하기

복잡한 요청은 단계별로 나누어 질문하는 것이 좋습니다. 예를 들어, 긴 문서를 요약해

달라고 할 때는 먼저 문서의 핵심 주제를 물어보고, 이후에 세부 사항을 요약해 달라고 요청하세요.

이런 방식으로 질문하면 원하는 정보를 체계적으로 얻을 수 있습니다. 아이의 성장 발달 상담을 예로 들어볼게요.

> 3살 아이의 성장 발달 상태를 평가해 줘.

이 질문은 너무 포괄적이어서, 인공지능이 모든 성장 발달 측면(신체, 언어, 사회성 등)을 한 번에 평가하기 어려울 수 있습니다.

단계별 질문을 어떻게 하는지 지금부터 보여드릴게요.

> 3살 아이의 평균적인 키와 몸무게는 어떻게 되나요?

먼저 아이의 신체 발달 상태를 확인합니다.

> 3살 아이가 평균적으로 해야 할 언어 발달 단계는 무엇인가요?

다음으로, 언어 발달 상태를 물어봅니다.

> 3살 아이의 사회성과 관련된 행동 발달 기준은 무엇인가요?

마지막으로, 사회성 발달을 확인합니다.

이렇게 단계별로 질문하면, 인공지능이 각 발달 영역에 대해 더 구체적이고 정확한 정보를 제공할 수 있어요. 이를 통해 아이의 성장 상태를 체계적으로 평가할 수 있습니다.

아이의 알레르기 대처법으로 한 가지 더 예를 들어 보여 드릴게요.

아이가 특정 음식에 알레르기가 있을 때 어떻게 해야 하나요?

이 질문은 상황이 복잡해, 인공지능이 즉각적으로 모든 가능한 대처법을 제공하기 어려울 수 있습니다. 단계별 질문을 어떻게 하는지 보여드릴게요.

아이가 계란에 알레르기가 있는 경우, 어떤 음식을 피해야 하나요?

먼저 피해야 할 음식을 확인합니다.

계란이 들어간 음식을 먹었을 때 나타날 수 있는 초기 증상은 무엇인가요?

다음으로, 알레르기 반응의 초기 증상을 물어봅니다.

알레르기 증상이 나타났을 때 집에서 할 수 있는 응급처치는 무엇인가요?

마지막으로, 응급처치 방법을 확인합니다.

단계별로 질문하면, 인공지능이 각 상황에 대해 더 명확하고 실용적인 답변을 제공해 줍니다. 이를 통해 알레르기 상황에 신속하고 정확하게 대처할 수 있어요.

이처럼 복잡한 요청을 단계별로 나누어 질문하면, 인공지능이 각 단계에서 더 정확하고 유용한 답변을 제공할 수 있어요.

③ 필요한 정보를 제공하기

인공지능이 요청을 제대로 이해하고 처리할 수 있도록 필요한 정보를 제공하세요. 필요한 정보를 제공하면, 인공지능이 더 정확하고 유용한 답변을 해준답니다. 이를 어떻게 활용할 수 있는지 예를 들어 설명해 볼께요.

아이의 알레르기 정보 제공을 예로 들면,

> 아이에게 먹일 간식을 추천해 줘.

이 요청은 아이의 알레르기 여부나 식이 제한 사항에 대한 정보가 없어서, 인공지능이 부적절한 간식을 추천할 가능성이 있어요. 예를 들어, 아이가 견과류 알레르기가 있는 경우, 견과류가 들어간 간식을 추천받을 수 있지요.

> 3살 아이에게 줄 간식을 추천해 줘. 견과류와 유제품 알레르기가 있어.

이 요청은 아이의 나이와 알레르기 정보를 제공하여, 인공지능이 알레르기 유발 요소가 없는 안전한 간식을 추천할 수 있습니다. 예를 들어, 과일이나 글루텐 프리 크래커 같은 간식을 추천받을 수 있답니다.

다른 예를 들어볼게요. 아이와 놀아줄 아이디어를 얻고 싶을 때,

> 아이랑 놀 수 있는 게임 추천해 줘.

이 질문은 아이의 나이, 기호, 상황 등에 대한 정보가 없어서, 인공지능이 너무 어린아이에게 적합하지 않은 게임을 추천하거나, 아이의 흥미와 맞지 않는 게임을 답변으로 하게 돼요.

> 6살 아이가 좋아할 만한 실내 게임을 추천해 줘. 아이는 퍼즐을 좋아하고, 비 오는 날에 집에서 할 수 있는 놀이를 찾고 있어.

위의 질문과 비교해서 이 요청은 아이의 나이, 기호, 그리고 상황(실내 활동)에 대한 구체적인 정보를 제공하여, 인공지능이 아이에게 딱 맞는 게임을 추천할 수 있어요. 예를 들어, 조립 퍼즐이나 보드게임 같은 실내 놀이를 제안받을 수 있죠.

필요한 정보를 제공하면, 인공지능이 요청을 더 잘 이해하고, 그에 맞는 정확한 답변을 줄 수 있어요. 디지털 초보맘들은 이 방법을 활용해, 일상에서 아이와 관련된 문제를 더 쉽게 해결할 수 있을 것입니다.

④ 간결하게 표현하기

불필요하게 긴 설명보다는 간결하고 핵심적인 표현을 사용하는 것이 좋습니다. 인공지능은 핵심 정보를 빠르게 파악할 수 있도록 짧고 명료한 질문을 선호합니다. 간결하게 질문하면 원하는 정보를 더 빠르고 정확하게 얻을 수 있습니다.

아이의 간식 추천을 인공지능에 부탁한다면,

> 우리 아이가 과자를 너무 좋아하는데, 요즘 건강이 걱정돼서 조금 더 건강한 간식을 찾고 있어요. 예를 들어, 과일이나 요거트 같은 걸 생각하고 있는데, 그게 좋은지, 아니면 다른 더 좋은 간식이 있는지 알려줄 수 있나요?

이렇게 인공지능에 질문하면 길고 복잡해 인공지능이 중요한 부분을 놓치거나 혼동할 수 있습니다.

> 건강한 5살 아이 간식 추천해 줘.

이렇게 질문을 짧고 명료하게 하면, 인공지능이 핵심을 빠르게 이해하고 정확한 추천을 제공해 줍니다. 예를 들어, 과일, 요거트, 견과류 등을 바로 추천할 수 있습니다.

간결하고 명확하게 표현하면, 인공지능이 원하는 정보를 빠르게 이해하고 제공할 수 있습니다. 이는 바쁜 디지털 초보맘들이 효율적으로 인공지능을 활용하는 데 큰 도움이 돼요.

⑤ 예시 제공하기

원하는 결과의 예시를 제공하면 인공지능이 더 정확하게 이해할 수 있습니다. 원하는 답변이나 결과를 얻기 위해 예시를 제공하는 것은 특히 유용해요. 예시를 통해 인공지능이 더욱 정확한 답변을 제공할 수 있기 때문입니다.

아이의 간식 레시피를 인공지능에 부탁한다면,

> 건강한 5살 아이 간식 추천해 줘.

이 요청은 인공지능이 다양한 종류의 간식을 제안할 수 있지만, 엄마가 기대하는 특정 스타일의 간식을 추천받기 어려울 수 있어요.

> 우리 아이가 좋아하는 과일과 우유를 활용한 간단한 간식 레시피를 알려줘. 예를 들어, 과일 요거트 같은 간식이 좋아.

이렇게 인공지능에 요청하면 예시를 포함하고 있어, 인공지능이 더 구체적으로 어떤 스타일의 간식을 추천해야 할지 이해할 수 있지요. 예시 덕분에 과일 요거트나 과일 스무디 같은 맞춤형 간식을 추천받을 수 있습니다.

아이의 놀이 활동의 예를 들어보면,

> 집에서 할 수 있는 재미있는 놀이를 추천해 줘.

이 질문은 인공지능이 너무 다양한 놀이를 추천할 수 있어, 실제로 엄마가 원하는 놀이와는 다를 수 있습니다.

> 우리 아이는 창의력을 키우는 놀이를 좋아해. 예를 들어, 레고 조립이나 그림 그리기 같은 활동을 추천해 줘.

이 질문은 예시를 제공함으로써, 인공지능이 아이의 취향에 맞는 놀이를 추천할 수 있습니다. 레고 조립, 미술 활동, 또는 블록 쌓기 같은 창의력 관련 놀이를 제안받을 수 있어요.

예시를 제공하면, 인공지능이 질문자의 의도를 더 잘 이해하고, 보다 정확한 답변을 제공할 수 있습니다. 이는 필요한 정보를 빠르고 정확하게 얻는 데 매우 유용합니다.

어때요? 챗GPT나 Askup같은 인공지능에 말을 걸 때 나의 의도에 맞는 답을 받을 수 있도록 제대로 말을 할 수 있겠죠? 처음엔 어렵고 익숙하지 않지만, 계속 연습하다 보면 내가 원하는 답을 얻을 수 있게 대화하게 될 거예요.

유의 사항

| 인공지능 말에 속지 말기! |

일명 할루시네이션이란, 컴퓨터나 인공지능(AI)이 사실이 아닌 것을 마치 진짜처럼 만들어내는 것을 말해요. 우리가 꿈을 꿀 때, 꿈속에서 실제로는 없었던 일이 마치 진짜처럼 보이는 것과 비슷해요. 하지만 할루시네이션은 사람이 아닌 컴퓨터가 그런 착각을 일으키는 거예요.

할루시네이션이 왜 일어날까요?

컴퓨터나 AI는 우리처럼 생각하는 능력이 없어요. 대신, 많은 정보(데이터)를 배우고, 그 정보를 바탕으로 무언가를 만들어내요. 그런데, 만약 AI가 잘못된 정보를 배우거나, 모든 정보를 제대로 이해하지 못하면, 엉뚱한 결과를 만들어낼 수 있어요. 이게 바로 할루시네이션이 일어나는 이유예요.

예를 들어볼게요.

• GPT-3의 허구적 논문 생성

OpenAI의 GPT-3는 매우 강력한 언어 모델로, 사람들이 작성한 텍스트를 이해하고, 이에 맞춰 새로운 문장을 생성할 수 있습니다. 하지만 GPT-3는 가끔 실제로 존재하지 않는 정보나 논문을 만들어내는 경우가 있습니다. 예를 들어, 누군가가 GPT-3에 특정 주제에 대해 논문을 추천해 달라고 했을 때, GPT-3가 존재하지 않는 논문이나 저자를 언급한 사례가 있었습니다. 이런 경우, 사용자는 AI가 제공한 정보를 믿고 잘못된 참고 자료를 사용할 수 있습니다.

• Google Translate의 오역 사례

Google Translate는 많은 사람들이 사용하는 번역 도구인데, 초기에는 특정 문장을 번역할 때 할루시네이션을 일으키는 사례가 있었습니다. 예를 들어, 한국어에서 영어로 번역할 때 "나는 학교에 갔다"라는 문장을 "나는 바나나를 먹었다"라고 전혀 엉뚱한 내용으로 번역한 사례가 있었습니다. 이는 AI가 문맥을 잘못 파악했기 때문에 발생한 할루시네이션의 예입니다.

• Facebook 챗봇의 허위 정보 제공

Facebook의 AI 챗봇은 사용자가 질문하면 이에 대해 답변을 제공하도록 설계되었습니다. 그러나 어떤 사용자들이 챗봇에 특정 제품에 관해 물어봤을 때, 챗봇이 존재하지 않는 제품에 대한 정보를 제공한 적이 있습니다. 예를 들어, 실제로 존재하지 않는 모델 번호나 허구의 기능을 설명한 사례가 있었습니다. 이러한 잘못된 정보는 소비자에게 혼란을 주고, 잘못된 결정을 내리게 할 수 있습니다.

이처럼 할루시네이션은 AI가 우리를 도와주기 위해 만든 정보나 답변이 실제와 다를 때 발생하는 문제입니다. AI가 주는 정보는 매우 유용할 수 있지만, 때로는 이러한 오류가 발생할 수 있다는 점을 인지하고, 중요한 결정을 내릴 때는 AI가 제공하는 정보를 그대로 받아들이기보다는 추가적인 확인과 검토가 필요하지요.

인공지능은 강력한 도구이지만, 완벽하지 않다는 점을 항상 염두에 두고 사용하는 것이 중요합니다.

학습 작전 ②

디지털 초보맘을 위한 디지털 전환의 기본 개념 다지기

1. 디지털 전환의 개념과 사례

우리 주변에서 일어나고 있는 큰 변화, 바로 '디지털 전환'에 대해 알아보겠습니다. 이 변화가 우리의 일상과 자녀들의 교육에 어떤 영향을 미치는지, 그리고 우리가 어떻게 대비해야 할지 함께 생각해 봅시다.

ⓥ 디지털 전환의 정의와 중요성

디지털 전환이란 무엇일까요? 간단히 말해, 우리 생활의 많은 부분을 디지털 기술을 이용해 더 편리하고 효율적으로 바꾸는 것을 말합니다. 하지만 이는 단순히 종이 대신 컴퓨터를 사용하는 것 이상의 의미를 갖습니다. 우리 사회, 경제, 문화 전반에 걸친 큰 변화라고 할 수 있죠.

예를 들어, 불과 10년 전만 해도 우리는 은행에 가서 줄을 서서 기다리며 업무를 봐야 했습니다. 하지만 지금은 어떤가요? 스마트폰 앱을 이용해 몇 번의 터치만으로 송금, 적금 가입, 대출 신청까지 가능해졌습니다. 심지어 은행 창구에 가지 않고도 비대면으로 계좌 개설이 가능한 인터넷 전문 은행도 생겼죠. 이것이 바로 금융 분야의 디지털 전환 사례입니다.

또 다른 예로, 과거에는 친구들과 만나 이야기를 나누거나 전화를 걸어 소통했습니다. 하지만 지금은 카카오톡, 페이스북, 인스타그램 같은 SNS를 통해 언제 어디서나 실시간으로 소통이 가능해졌죠. 심지어 전 세계 어디에 있는 사람과도 쉽게 연락할 수 있게 되었습니다. 이런 변화들이 바로 디지털 전환의 일부입니다.

디지털 전환이 왜 중요할까요? 첫째, 우리의 일상이 더 효율적이고 편리해집니다. 예를 들어, 과거에는 택시를 잡기 위해 길가에서 기다려야 했지만, 이제는 카카오T 같은 앱으로 쉽게 택시를 호출할 수 있죠.

둘째, 새로운 기회와 가치를 만들어냅니다. 유튜브를 통해 자신의 재능을 세계에 알리는 크리에이터들이 생겨났고, 에어비앤비를 통해 일반 가정집이 숙박 시설이 되는 등 새로운 비즈니스 모델이 등장했습니다.

셋째, 글로벌 시대에 경쟁력을 갖추기 위해 필요합니다. 예를 들어, 한국의 중소기업도 아마존과 같은 글로벌 온라인 마켓플레이스를 통해 전 세계 소비자들에게 제품을 판매할 수 있게 되었습니다.

마지막으로, 빠르게 변화하는 미래 사회에 대비하기 위해 꼭 필요합니다. 4차 산업혁명 시대에 적응하고 새로운 기회를 창출하기 위해서는 디지털 전환이 필수적입니다.

ⓥ 일상생활에서의 디지털 전환 사례

우리 주변에서 디지털 전환의 사례를 더 자세히 살펴보겠습니다. 먼저, 우리의 소통 방식이 크게 바뀌었습니다. 스마트폰과 카카오톡, 페이스북 같은 SNS의 등장으로 언제 어디서나 쉽게 연락할 수 있게 되었죠. 특히 코로나19 시기에는 화상 회의나 원격 수업이 일상이 되었습니다. 줌(Zoom)이나 구글 미트(Google Meet) 같은 플랫폼을 통해 얼굴을 보며 대화하고, 화면을 공유하며 회의나 수업을 진행할 수 있게 되었죠. 심지어 가족 모임이나 결혼식도 온라인으로 진행되는 경우가 많아졌습니다.

금융 서비스도 많이 바뀌었습니다. 이제는 은행에 가지 않고도 모바일 뱅킹으로 대부분의 금융 업무를 처리할 수 있습니다. 예를 들어, 신한은행의 '쏠(SOL)' 앱이나 KB국민은행의 'KB스타뱅킹' 앱을 통해 계좌 조회, 송금, 대출, 투자 등 다양한 금융 서비스를 이용할 수 있습니다. 카카오페이나 네이버페이 같은 간편 결제 시스템으로 현금이나 카드 없이도 결제가 가능해졌죠. 심지어 블록체인 기술을 활용한 암호화폐도 등장해 새로운 형태의 화폐와 금융 서비스가 생겨나고 있습니다.

쇼핑 방식도 크게 달라졌습니다. 쿠팡, 11번가, G마켓 같은 온라인 쇼핑몰에서 전 세계의 다양한 상품을 구매할 수 있고, 배달의민족, 요기요 같은 앱으로 음식 주문도 쉬워졌습니다. 아마존의 알렉사나 SK텔레콤의 누구(NUGU) 같은 AI 스피커를 통해 음성으로 쇼핑하는 것도 가능해졌죠. 또한 빅데이터를 활용해 개인의 취향에 맞는 상품을 추천해 주기도 합니다. 넷플릭스가 시청 기록을 바탕으로 새로운 영화나 드라마를 추천해 주는 것처럼 말이죠.

교통 분야에서도 큰 변화가 일어났습니다. 네이버 지도나 카카오맵 같은 내비게이션 앱으로 길 찾기가 쉬워졌고, 실시간 교통 정보를 확인할 수 있게 되었습니다. 서울의 따릉이나 카카오 바이크 같은 공유 자전거 서비스, 쏘카나 그린카 같은 카셰어링 서비스도 등장했습니다. 버스 도착 정보를 실시간으로 확인할 수 있는 스마트 교통 시스템도 우리 생활을 편리하게 만들어주고 있죠. 미래에는 자율주행 자동차가 보편화되어 운전 없이도 목적지에 도착할 수 있는 날이 올 것입니다.

ⓥ 디지털 전환이 교육에 미치는 영향

디지털 전환은 교육 분야에도 큰 변화를 불러오고 있습니다. 먼저, 학습 환경이 크게 바뀌고 있습니다. KERIS의 e-학습터, EBS 온라인 클래스, 구글 클래스룸 같은 온라인 학습 플랫폼이 등장했고, 코로나19 시기에는 이러한 플랫폼들이 더욱 활발히 사용되었습니다. 학생들은 이제 시간과 장소에 구애받지 않고 학습할 수 있게 되었죠.

또한 가상현실(VR)이나 증강현실(AR) 기술을 활용한 실감형 교육도 점차 늘어나고 있습니다. 예를 들어, 구글의 '익스페디션(Expeditions)' 앱을 사용하면 역사 수업 시간에 고대 로마나 이집트 피라미드를 3D로 체험해 볼 수 있습니다. 과학 수업에서는 인체의 내부 구조를 AR로 관찰하며 학습할 수 있죠. 이런 기술들은 학생들의 흥미를 끌고 학습 효과를 높이는 데 큰 도움이 됩니다.

개인화된 학습 경험도 가능해지고 있습니다. AI 기술을 활용해 각 학생의 학습 속도와 스타일에 맞는 맞춤형 학습 콘텐츠를 제공하는 시스템이 개발되고 있습니다. 예를 들어,

'산타토익'이라는 앱은 AI를 활용해 사용자의 학습 패턴을 분석하고 개인별 맞춤 학습 계획을 제공합니다. 학생들의 학습 데이터를 분석해 부족한 부분을 보완해 주는 것이죠. 미래에는 이러한 AI 튜터가 더욱 보편화되어 모든 학생이 개인 교사의 도움을 받는 것과 같은 학습 경험을 할 수 있게 될 것입니다.

교육 콘텐츠도 다양해지고 있습니다. 유튜브나 TED 같은 플랫폼을 통해 전 세계의 다양한 교육 자료를 접할 수 있게 되었습니다. 우리나라의 K-MOOC, 해외의 칸 아카데미(Khan Academy)나 코세라(Coursera) 같은 MOOC(대규모 온라인 공개강좌) 플랫폼을 통해 세계 유명 대학의 강의를 무료로 들을 수도 있게 되었습니다. 예를 들어, 하버드대학교의 인기 강좌인 'CS50: 컴퓨터 과학 입문' 강의를 온라인에서 무료로 수강할 수 있죠.

이러한 변화 속에서 교사와 학생의 역할도 바뀌고 있습니다. 교사는 단순히 지식을 전달하는 사람이 아니라, 학생들의 학습을 돕고 안내하는 촉진자 역할을 하게 됩니다. 예를 들어, '거꾸로 학습(Flipped Learning)' 방식에서는 학생들이 집에서 동영상 강의를 미리보고 온 후, 교실에서는 토론이나 프로젝트 활동을 진행합니다. 교사는 이 과정에서 학생들의 이해를 돕고 심화 학습을 지원하는 역할을 하게 되죠.

학생들은 수동적으로 지식을 받아들이는 것이 아니라, 스스로 정보를 찾고 학습하는 능동적인 학습자가 되어야 합니다. 예를 들어, 프로젝트 기반 학습(PBL)에서는 학생들이 직접 주제를 정하고 정보를 수집하며 결과물을 만들어내는 과정을 통해 학습합니다. 이 과정에서 디지털 도구를 활용한 정보 검색, 협업, 발표 능력 등이 중요해집니다.

마지막으로, 디지털 리터러시의 중요성이 커지고 있습니다. 온라인에서 정보를 찾고, 그 정보의 신뢰성을 평가하고, 효과적으로 활용하는 능력이 중요해진 것이죠. 예를 들어, 위키피디아의 정보를 무조건 신뢰하는 것이 아니라, 그 정보의 출처를 확인하고 다른 신뢰할 만한 자료와 비교해 볼 수 있어야 합니다. 또한 온라인에서 지켜야 할 예절, 즉 디지털 시민의식 교육도 필요해졌습니다. 사이버 불링(온라인 괴롭힘)의 위험성을 인식하고, 온라인에서 타인을 존중하는 태도를 기르는 것이 중요해진 것이죠.

⊗ 디지털 전환에 대응한 부모의 역할

이러한 변화 속에서 우리 부모들은 어떻게 해야 할까요? 먼저, 디지털 기술에 대한 두려움을 버리고 적극적으로 배우려는 자세가 필요합니다. 예를 들어, 자녀와 함께 새로운 교육용 앱을 탐구해 보거나, 온라인 강좌를 함께 수강해 보는 것도 좋은 방법이 될 수 있습니다.

또한, 자녀들이 디지털 도구를 단순히 소비하는 데 그치지 않고, 창의적으로 활용할 수 있도록 격려해 주는 것이 중요합니다. 예를 들어, 유튜브를 단순히 시청하는 것에서 나아가 자신만의 영상을 제작해 보도록 독려할 수 있습니다. 코딩 교육 플랫폼을 활용해 간단한 게임이나 애니메이션을 만들어보는 것도 좋은 방법입니다.

마지막으로, 온라인에서의 안전과 윤리에 대해 지속적으로 대화를 나누어야 합니다. 개인정보 보호의 중요성, 온라인에서 만난 낯선 사람들과의 소통 시 주의사항, 저작권 존중의 필요성 등에 대해 이야기를 나누세요. 예를 들어, 소셜 미디어에 글이나 사진을 올릴 때 "이것이 공개되어도 괜찮을까?"라고 한 번 더 생각해 보는 습관을 기르도록 지도할 수 있습니다.

디지털 전환의 시대, 우리 아이들이 기술을 두려워하지 않고 현명하게 활용하며, 끊임없이 변화하는 세상에 유연하게 적응할 수 있는 능력을 갖추도록 돕는 것이 우리 부모들의 중요한 과제일 것입니다. 함께 배우고 성장하는 자세로 이 새로운 시대를 맞이한다면, 우리 모두에게 더 밝고 풍요로운 미래가 열릴 것입니다.

2. 디지털 전환(정보화)의 역사

우리의 일상을 완전히 바꿔놓은 디지털 기술, 그 발전의 역사는 놀랍도록 빠르고 혁신적이었습니다. 이제 그 여정을 자세히 살펴보며, 우리와 우리 아이들의 미래를 위해 어떤 준비가 필요한지 함께 고민해 보겠습니다.

ⓥ 컴퓨터의 탄생과 초기 발전

디지털 시대의 시작은 1940년대로 거슬러 올라갑니다. 제2차 세계대전 중 복잡한 계산을 위해 개발된 최초의 전자식 컴퓨터 'ENIAC'는 무려 30톤에 달하는 거대한 기계였습니다. 당시에는 이 거대한 기계가 우리의 일상을 이렇게 바꿔놓을 줄 아무도 예상하지 못했습니다.

1960년대에 들어서면서 컴퓨터는 조금씩 실용화되기 시작했습니다. 기업과 정부 기관에서 대형 컴퓨터인 '메인프레임'을 사용하기 시작했는데, 이를 통해 대량의 데이터 처리가 가능해졌습니다. 예를 들어, 은행에서는 고객들의 계좌를 관리하고 거래를 처리하는 데 메인프레임을 활용했죠. 하지만 여전히 컴퓨터는 일반인들과는 거리가 먼 존재였습니다.

ⓥ 개인용 컴퓨터(PC)의 등장과 대중화

1970년대는 컴퓨터 역사에서 중요한 전환점이 된 시기입니다. 바로 개인용 컴퓨터(PC)가 탄생한 것이죠. 애플의 스티브 잡스와 스티브 워즈니악이 차고에서 만든 'Apple I'이 그 시작이었습니다. 이어서 IBM, 컴모도어 등 여러 기업이 PC 시장에 뛰어들었고, 점차 컴퓨터가 일반 가정에도 보급되기 시작했습니다.

1980년대에 들어서면서 PC는 본격적으로 대중화되었습니다. 마이크로소프트의 운영 체제인 MS-DOS와 윈도우가 등장하면서 컴퓨터 사용이 한결 쉬워졌고, 워드프로세서, 스프레드시트 등의 소프트웨어로 업무 효율이 크게 향상되었습니다. 이 시기에 어린 시절을 보낸 부모님들은 아마도 학교에서 처음 컴퓨터를 접했던 기억이 있으실 거예요. '틱택토' 같은 간단한 게임을 하면서 컴퓨터의 매력에 빠졌던 경험, 혹시 기억나시나요?

✓ 인터넷의 등장과 정보 혁명

1990년대는 진정한 의미의 '정보화 시대'가 열린 시기입니다. 팀 버너스 리가 개발한 월드와이드웹(WWW)의 등장으로 인터넷 사용이 폭발적으로 증가했습니다. 이제 집에서도 전 세계의 정보를 쉽게 찾아볼 수 있게 된 것이죠. '야후'나 '네이버' 같은 포털 사이트가 생겨났고, 이메일을 통한 커뮤니케이션이 일상화되었습니다.

이 시기에 10대를 보낸 부모님들은 아마도 PC방에서 친구들과 함께 인터넷 서핑을 즐겼던 추억이 있으실 거예요. 처음으로 이메일 계정을 만들고, 채팅으로 새로운 친구를 사귀었던 그 시절이 생각나시나요? 당시에는 전화선을 이용한 느린 인터넷 연결 때문에 웹페이지 여는 데도 한참 동안 기다려야 했지만, 그래도 그 경험은 무척이나 신선하고 흥미진진했죠.

✓ 모바일 혁명과 소셜 미디어의 시대

2000년대에 들어서면서 또 한 번의 큰 변화가 찾아왔습니다. 바로 스마트폰의 등장입니다. 2007년 애플이 아이폰을 출시하면서 시작된 스마트폰 열풍은 우리의 생활 방식을 완전히 바꿔놓았습니다. 이제 언제 어디서나 인터넷에 접속할 수 있게 되었고, 다양한 앱을 통해 일상의 많은 부분이 디지털화되었습니다.

같은 시기에 페이스북, 트위터 등의 소셜 미디어가 등장해 사람들의 소통 방식에 혁명을 일으켰습니다. 이제 전 세계 어디에 있든 실시간으로 소통하고 정보를 공유할 수 있게 된 것이죠. 카카오톡, 인스타그램 등 다양한 소셜 미디어와 메신저 앱이 우리의 일상에 깊숙이 자리 잡았습니다.

이 시기에 학창 시절을 보낸 부모님들은 아마도 스마트폰을 처음 갖게 되면서 느꼈던 그 설렘을 아직도 기억하실 거예요. 언제 어디서나 친구들과 연락할 수 있고, 궁금한 것을 바로 검색할 수 있다는 것이 얼마나 신기했는지, 그리고 그것이 어떻게 우리의 생활을 바꿔놓았는지 한번 돌아보세요.

ⓥ 클라우드, AI, IoT의 시대

2010년대 이후에는 클라우드 컴퓨팅, 인공지능(AI), 사물인터넷(IoT) 등 더욱 발전된 기술들이 우리 생활에 들어왔습니다. 구글 드라이브나 네이버 클라우드처럼 온라인에 자료를 저장하고 어디서나 접근할 수 있게 되었고, 인공지능 비서가 우리의 일상을 도와주기 시작했습니다.

예를 들어, 스마트 스피커를 통해 음성으로 음악을 틀거나 날씨를 확인하고, 스마트홈 기기로 집 안의 온도와 조명을 조절하는 등 IoT 기술이 우리 생활 곳곳에 스며들었습니다. AI 기술은 번역, 이미지 인식, 자율주행 자동차 등 다양한 분야에서 활용되고 있으며, 그 발전 속도가 매우 빠릅니다.

ⓥ 교육 분야의 디지털화

교육 분야에서도 디지털화가 빠르게 진행되었습니다. 1980년대에는 컴퓨터로 간단한 퀴즈나 문제를 풀 수 있는 프로그램이 등장했고, 1990년대에는 인터넷을 통해 백과사전을 찾아보거나 교육 자료를 다운로드받을 수 있게 되었습니다.

2000년대에는 온라인으로 강의를 들을 수 있는 이러닝 플랫폼이 생겼고, 2010년대에는 스마트폰을 통한 모바일 학습과 세계 유명 대학의 강의를 무료로 들을 수 있는

MOOC(Massive Open Online Course)가 등장했습니다. 현재는 AI가 학생의 수준에 맞춰 맞춤형 문제를 제공하고, VR(가상현실)이나 AR(증강현실)을 통해 실감나는 가상 체험 학습을 할 수 있는 단계까지 발전했습니다.

예를 들어, 역사 수업에서 고대 로마의 모습을 VR로 체험하거나, 과학 수업에서 AR을 통해 인체의 구조를 3D로 관찰할 수 있게 된 것이죠. 이러한 기술들은 학습을 더욱 흥미롭고 효과적으로 만들어주고 있습니다.

✅ 미래 전망: 다가올 기술 변화와 그 의미

앞으로 우리를 기다리고 있는 기술 변화는 더욱 놀랍습니다. 인공지능과 머신러닝의 발전으로 개인의 취향과 학습 스타일에 완벽하게 맞춘 서비스가 제공될 것입니다. 예를 들어, AI 튜터가 학생 개개인의 학습 속도와 이해도를 분석해 최적화된 학습 경로를 제시할 수 있을 것입니다.

5G를 넘어 6G 네트워크가 구현되면, 초고화질 홀로그램 통화나 실시간 원격 의료 서비스가 일상화될 것입니다. 메타버스와 확장 현실 기술의 발전으로 가상 세계에서 쇼핑하거나 친구들과 만나는 것이 현실처럼 자연스러워질 것입니다.

양자 컴퓨팅은 현재의 슈퍼컴퓨터로도 해결하기 어려운 복잡한 문제들을 해결할 수 있게 해줄 것입니다. 예를 들어, 더 정확한 기후 변화 예측이나 신약 개발 속도를 크게 높일 수 있을 것입니다.

블록체인 기술은 더욱 안전하고 투명한 디지털 세상을 만들어갈 것입니다. 온라인에서의 거래나 투표가 더욱 신뢰성 있게 이루어질 수 있겠죠. 또한 생명공학과 디지털 기술의 융합으로 개인의 유전자 정보를 바탕으로 한 맞춤형 의료 서비스나 교육이 가능해질 것입니다.

이렇게 끊임없이 발전하는 디지털 기술 속에서, 우리와 우리 아이들이 잘 적응하고 성장하기 위해서는 새로운 기술에 대한 이해와 지속적인 학습이 필요합니다. 특히 부모님들은 이러한 변화를 이해하고 아이들과 함께 새로운 기술을 배우고 적응해 나가는 것이 중요합니다. 예를 들어, 아이들과 함께 코딩을 배워보거나, 새로운 앱이나 기기를 사용해 보면서 디지털 시대의 변화를 체감해 보는 것은 어떨까요? 또한, 온라인에서의 안전과 디지털 윤리에 대해 함께 이야기를 나누며, 책임감 있는 디지털 시민으로 성장할 수 있도록 도와주는 것도 중요합니다.

디지털 기술의 발전은 우리에게 무한한 가능성을 제공하지만, 동시에 새로운 도전과 제도 안겨줍니다. 개인정보 보호, 디지털 격차, 인터넷 중독 등의 문제에 관해서도 관심을 가지고 대비해야 합니다. 우리가 기술을 어떻게 활용하고 관리하느냐에 따라 우리의 미래가 달라질 것입니다. 결국, 디지털 시대를 살아가는 우리에게 필요한 것은 기술에 대한 이해와 더불어 비판적 사고력, 창의력, 의사소통 능력 등 인간 고유의 능력을 키우는 것입니다. 이를 통해 우리와 우리 아이들은 끊임없이 변화하는 디지털 세상에서 주도적으로 살아갈 수 있을 것입니다.

3. 인공지능의 개념과 역사

인공지능(AI)은 우리 일상에 깊숙이 자리 잡았지만, 많은 학부모님께는 여전히 복잡하고 어려운 개념으로 느껴질 수 있습니다. 하지만 걱정하지 마세요. 이제 함께 인공지능의 세계로 들어가 보겠습니다.

▽ 인공지능의 정의와 기본 원리

인공지능이란 무엇일까요? 간단히 말해, 인공지능은 인간의 지능을 모방하여 학습하고, 문제를 해결하며, 의사결정을 내릴 수 있는 컴퓨터 시스템을 말합니다. 마치 우리 아이들이 학교에서 배우고 성장하듯이, 인공지능도 '학습'을 통해 발전합니다.

이러한 학습 과정을 '머신러닝'이라고 부릅니다. 예를 들어, 우리가 아이에게 사과 사진을 보여주며 "이것은 사과야"라고 여러 번 알려주면 아이가 사과를 인식하게 되는 것처럼, 컴퓨터에도 많은 사과 사진을 보여주고 "이것은 사과다"라고 알려주면 컴퓨터가 사과를 인식할 수 있게 됩니다.

'딥러닝'은 이보다 더 복잡한 학습 방법입니다. 인간의 뇌 구조를 모방한 인공 신경망을 사용하여 더 정교한 패턴을 인식하고 학습합니다. 예를 들어, 단순히 사과를 인식하는 것을 넘어 사과의 종류, 신선도, 크기 등을 구분할 수 있게 되는 것이죠.

그렇다면 인간의 지능과 인공지능은 무엇이 다를까요? 인간의 지능은 감정, 직관, 창의성을 포함하는 복잡한 개념인 반면, 현재의 인공지능은 주어진 데이터를 바탕으로 특정 작업을 수행하는 데 특화되어 있습니다. 예를 들어, AI는 체스나 바둑에서 인간을 이길 수 있지만, 그 규칙을 스스로 바꾸거나 새로운 게임을 만들어내지는 못합니다.

▽ 인공지능 발전의 주요 이정표

인공지능의 역사는 1950년대로 거슬러 올라갑니다. 앨런 튜링이 제안한 '튜링 테스트'는 기계가 인간처럼 대화할 수 있는지를 평가하는 방법으로, AI 연구의 시작점이 되었습니다. 1960-70년대는 초기 AI 붐이 일어난 시기입니다. 이때 개발된 '전문가 시스템'은 특정 분야의 전문가 지식을 컴퓨터에 입력하여 문제를 해결하는 방식이었습니다. 예를 들어, 의사의 진단 과정을 모방한 시스템이 개발되었죠. 하지만 1980-90년대에는 AI 발전이 정체되는 'AI 겨울'이 찾아왔습니다. 그러나 이 시기에도 신경망 연구는 계속되었고, 이는 현대 딥러닝의 기초가 되었습니다.

2000년대 이후, 빅데이터와 컴퓨터 성능의 발전으로 AI는 새로운 전성기를 맞이했습니다. 특히 딥러닝의 발전으로 이미지 인식, 자연어 처리 등 다양한 분야에서 놀라운 성과를 이뤄냈습니다. 최근에는 구글의 AlphaGo가 세계 최고의 바둑 기사를 이기고, GPT(Generative Pre-trained Transformer) 같은 AI가 사람처럼 글을 쓰는 등 획기적인 성과들이 나오고 있습니다.

ⓥ 현재 우리 생활에 적용되고 있는 인공지능 기술들

이제 AI는 우리 일상 곳곳에서 찾아볼 수 있습니다. 스마트폰의 음성 인식 비서인 Siri 나 빅스비는 우리의 말을 이해하고 응답합니다. "오늘 날씨 어때?"라고 물으면 바로 대답해 주죠. Netflix나 YouTube의 추천 시스템도 AI 기술입니다. 우리가 본 영화나 동영상을 분석해 우리가 좋아할 만한 새로운 콘텐츠를 추천해 줍니다.

번역 앱을 사용해 보셨나요? AI 기술 덕분에 실시간으로 다양한 언어를 번역할 수 있게 되었습니다. 외국 여행이 한결 수월해졌죠. 자율주행 자동차도 AI 기술의 결정체입니다. 도로 상황을 인식하고 판단하여 안전하게 운전하는 것이 목표입니다.

집 안에서는 AI 스피커가 음악을 틀어주고, 조명을 조절하고, 온도를 맞춰주는 등 우리 생활을 편리하게 만들어줍니다. 의료 분야에서도 AI가 활약하고 있습니다. X-ray나 MRI 영상을 분석해 의사의 진단을 돕고, 새로운 약물 개발에도 사용되고 있습니다.

ⓥ 인공지능이 교육에 미치는 영향과 앞으로의 가능성

AI는 교육 분야에도 큰 변화를 불러오고 있습니다. 개인화된 학습 경험을 제공하는 것이 가장 큰 장점입니다. 예를 들어, AI 는 각 학생의 학습 속도와 스타일을 분석해 맞춤형 학습 내용을 제공할 수 있습니다. AI 튜터는 24시간 학생들의 질문에 답변하고, 개별적인 피드백을 제공할 수 있습니다. 마치 개인 과외 선생님처럼 말이죠.

학생 평가에서도 AI가 활용됩니다. 객관식 시험은 물론 에세이까지 AI가 채점하고 피드백을 줄 수 있게 되었습니다. 교사들의 행정 업무도 AI가 도와줍니다. 출석 체크, 성적 관리 등을 자동화하여 교사들이 학생 지도에 더 집중할 수 있게 합니다. 가상현실(VR)이나 증강현실(AR)과 AI를 결합하면 더욱 흥미로운 학습 경험을 만들 수 있습니다. 예를 들어, 역사 수업에서 고대 로마를 직접 걸어 다니며 탐험할 수 있게 되는 거죠. 하지만 AI 시대에는 단순 암기나 반복 작업보다는 비판적 사고력과 창의성이 더욱 중요해집니다. AI가 대신할 수 없는 인간만의 능력을 키우는 교육이 필요한 것이죠.

마지막으로, AI 윤리 교육의 중요성을 강조하고 싶습니다. AI를 올바르게 사용하고, AI가 만든 결과를 비판적으로 평가할 수 있는 능력이 필요합니다. 예를 들어, AI가 만든 가짜 뉴스를 구별할 수 있어야 하고, AI의 결정이 공정한지 판단할 수 있어야 합니다.

이처럼 AI는 우리 생활과 교육에 큰 변화를 불러오고 있습니다. 학부모님들께서는 이러한 변화를 이해하고, 아이들이 AI 시대에 잘 적응할 수 있도록 도와주시는 것이 중요합니다. AI를 두려워하거나 거부하기보다는, AI를 이해하고 현명하게 활용하는 방법을 아이들과 함께 배워나가는 것이 좋겠죠. 그렇게 함께 성장해 나간다면, 우리 아이들은 AI 와 함께하는 미래 세상에서 더욱 빛나게 될 것입니다.

4. 생성형 인공지능의 개념

최근 뉴스나 SNS에서 '생성형 AI'라는 용어를 자주 접하셨을 것입니다. 이 새로운 기술이 우리 아이들의 미래에 어떤 영향을 미칠지 궁금하시죠? 함께 생성형 AI의 세계로 들어가 봅시다.

✔ 생성형 인공지능의 개념과 특징

생성형 AI란 무엇일까요? 간단히 말해, 새로운 콘텐츠를 만들어내는 AI 기술입니다. 마치 상상력이 풍부한 친구처럼, 우리의 요청에 따라 글을 쓰고, 그림을 그리고, 음악을 만들어낼 수 있습니다. 기존의 AI가 주어진 정보를 분석하고 분류하는 데 그쳤다면, 생성형 AI는 한 걸음 더 나아가 창조적인 결과물을 만들어냅니다. 예를 들어, 기존 AI는 사진 속 강아지를 인식할 수 있었지만, 생성형 AI는 "우주복을 입은 강아지" 같은 독특한 이미지를 새롭게 그려낼 수 있습니다.

이런 놀라운 능력의 비밀은 무엇일까요? 생성형 AI는 엄청난 양의 데이터를 학습하여 패턴을 인식하고, 이를 바탕으로 새로운 콘텐츠를 만들어냅니다. 마치 수많은 책을 읽은 작가가 자신만의 이야기를 쓰는 것처럼 말이죠. 생성형 AI의 주요 특징으로는 다양성, 창의성, 맥락 이해 능력을 들 수 있습니다. 같은 요청에도 매번 다른 결과물을 만들어내고, 예상치 못한 아이디어를 제시하며, 대화의 흐름을 이해하고 적절히 응답할 수 있습니다.

✔ 대표적인 생성형 AI 도구들과 그 활용

가장 유명한 생성형 AI 중 하나는 '챗GPT'입니다. 이 AI는 마치 친구와 대화하듯 자연스럽게 대화할 수 있고, 에세이 작성, 번역, 심지어 프로그래밍 코드 작성까지 다양한 작업을 수행할 수 있습니다. 예를 들어, "지구 온난화에 대한 500자 에세이를 써줘."라고 요청하면, 챗GPT는 즉시 논리적이고 잘 구성된 에세이를 작성해 줍니다.

이미지 생성 AI인 'DALL-E'나 'Midjourney'는 텍스트 설명을 바탕으로 이미지를 만들어냅니다. "달에서 커피를 마시는 우주인"이라고 입력하면, 정말로 그런 장면의 이미지를 생성해 냅니다. 이 기술은 디자이너들의 아이디어 구상이나 예술가들의 작품 창작에 활용되고 있습니다.

음성 생성 AI인 'WaveNet'이나 'Tacotron'은 자연스러운 음성을 합성합니다. 이 기술을 통해 더욱 자연스러운 음성 비서를 만들거나, 책을 읽어주는 오디오북을 쉽게 제작할 수 있게 되었습니다.

🅥 생성형 AI가 창의성과 학습에 미치는 영향

생성형 AI는 우리 아이들의 창의성과 학습에 큰 영향을 미칠 것입니다. 먼저, 새로운 아이디어 발상의 도구로 활용될 수 있습니다. 예를 들어, 학교 프로젝트 주제를 고민할 때 AI에 아이디어를 요청하면, 다양한 제안을 받아 영감을 얻을 수 있습니다.

학습 보조 도구의 역할도 기대됩니다. AI는 각 학생의 수준에 맞는 개인화된 학습 자료를 만들어낼 수 있고, 질문에 대해 즉각적인 응답을 제공할 수 있습니다. 예를 들어, 역사 수업 중 궁금한 점이 생기면 언제든 AI에 물어볼 수 있는 거죠.

언어 학습에도 큰 도움이 될 것입니다. 다양한 언어로 대화 연습을 할 수 있고, 작문에 대한 즉각적인 피드백을 받을 수 있습니다. 영어 에세이를 쓰고 AI에 검토를 요청하면, 문법 오류나 표현 개선점을 바로 알려줄 수 있습니다.

또한, 다양한 해결 방안을 제시함으로써 문제 해결 능력 향상에도 도움을 줄 수 있습니다. 예를 들어, 환경 문제에 대한 해결책을 고민할 때 AI는 다양한 관점에서의 아이디어를 제공할 수 있습니다.

❤ 자녀들의 안전하고 유익한 생성형 AI 사용 지도 방법

이렇게 강력한 도구인 만큼, 자녀들이 생성형 AI를 안전하고 유익하게 사용할 수 있도록 지도하는 것이 중요합니다. 먼저, AI의 한계를 이해시켜야 합니다. AI가 만든 정보가 항상 정확하지 않을 수 있다는 점을 알려주세요. 예를 들어, 챗GPT에 "2+2는 얼마야?"라고 물으면 정확히 답하지만, 복잡한 수학 문제는 틀릴 수 있다는 걸 보여줄 수 있습니다. AI가 제공하는 정보를 비판적으로 평가하는 습관을 길러주는 것도 중요합니다. AI의 답변을 그대로 받아들이지 말고, 다른 출처와 비교해 보도록 지도해주세요.

저작권과 윤리 교육도 필요합니다. AI가 만든 글이나 그림을 사용할 때는 적절한 출처 표기가 필요하다는 점을 알려주세요. 학교 과제에 AI의 도움을 받았다면, 그 사실을 명시하도록 지도해주세요. 개인정보 보호에 대한 인식도 중요합니다. AI와 대화할 때 민감한 개인정보를 공유하지 않도록 주의를 줘야 합니다.

AI에 과도하게 의존하지 않도록 균형 잡힌 사용을 지도해주세요. AI는 도움을 주는 도구일 뿐, 모든 것을 AI에 맡기지 않도록 해야 합니다. 예를 들어, 숙제할 때 AI의 도움을 받되, 최종적으로는 자기 생각으로 마무리하도록 지도해주세요.

마지막으로, 부모님께서 자녀와 함께 AI 도구를 체험하고 토론하는 것을 추천합니다. 함께 챗GPT에 재미있는 질문을 해보고, DALL-E로 상상 속의 그림을 그려보며 AI의 가능성과 한계에 관해 이야기를 나눠보세요.

생성형 AI는 우리 아이들에게 새로운 가능성의 세계를 열어줄 것입니다. 하지만 동시에 책임감 있게 사용해야 하는 강력한 도구이기도 합니다. 부모님들의 관심과 지도가 있다면, 우리 아이들은 이 새로운 기술을 현명하게 활용하며 미래를 준비할 수 있을 것입니다.

5. LLM(Large Language Model)의 개념

우리 아이들의 미래를 이야기할 때 빼놓을 수 없는 것이 바로 LLM, 즉 대규모 언어 모델입니다. 이 놀라운 기술이 무엇인지, 어떻게 작동하는지, 그리고 우리 아이들의 교육에 어떤 영향을 미칠지 함께 알아보겠습니다.

ⓥ LLM의 정의와 작동 원리

LLM이란 무엇일까요? 간단히 말해, LLM은 엄청난 양의 텍스트 데이터를 학습한 인공지능입니다. 마치 수백만 권의 책을 읽은 초인적인 독서가를 상상해 보세요. 그것이 바로 LLM입니다. LLM은 어떻게 작동할까요? 우선, 인터넷에 있는 방대한 양의 텍스트를 학습합니다. 책, 기사, 웹페이지 등 모든 종류의 글을 읽어 들이는 거죠. 그리고 이 데이터에서 패턴을 인식하고, 이를

바탕으로 확률을 계산해 가장 적절한 다음 단어나 문장을 예측합니다.

예를 들어, "나는 학교에"라는 문장이 주어졌을 때, LLM은 다음에 올 가능성이 높은 단어들(예: "갔다", "다녔다", "도착했다" 등)의 확률을 계산하고, 가장 적절한 것을 선택합니다. 이런 과정을 통해 자연스러운 언어를 생성할 수 있게 되는 것이죠. 대표적인 LLM으로는 GPT(챗GPT의 기반 모델), BERT, T5 등이 있습니다. 여러분이 챗GPT를 사용해 보셨다면, 이미 LLM의 놀라운 능력을 경험해 보신 겁니다.

⊘ LLM의 주요 특징과 능력

LLM은 정말 다재다능합니다. 텍스트 생성은 물론, 번역, 요약, 질문 답변까지 다양한 언어 작업을 수행할 수 있습니다. 심지어 코드를 작성하거나 시를 지을 수도 있죠. 예를 들어, "봄에 대한 시를 써줘."라고 요청하면, LLM은 순식간에 아름다운 봄 시를 만들어 낼 수 있습니다.

LLM의 또 다른 특징은 맥락을 이해하고 적응하는 능력입니다. 다양한 주제와 스타일에 대해 이해할 수 있고, 사용자의 의도를 파악해 적절한 응답을 생성합니다. 예를 들어, "과학적으로 설명해 줘."라고 하면 전문적인 설명을, "아이에게 설명하듯이 해줘."라고 하면 쉬운 말로 설명해 줄 수 있습니다.

LLM은 광범위한 주제에 대한 정보를 보유하고 있습니다. 하지만 최신 정보에는 한계가 있다는 점을 기억해야 해요. LLM의 지식은 학습 데이터의 기준 시점에 묶여 있기 때문입니다. 최근에는 텍스트뿐만 아니라 이미지도 함께 이해하고 생성할 수 있는 멀티모달 LLM도 등장했습니다. 이런 모델은 "이 그림에 관해 설명해 줘."와 같은 요청도 처리할 수 있습니다.

⊘ LLM을 활용한 교육적 응용

LLM은 교육 분야에서 혁명적인 변화를 불러올 수 있습니다. 우선, 개인화된 학습이 가능해집니다. 각 학생의 수준에 맞는 학습 자료를 생성하고, 맞춤형 문제를 출제하며, 즉각적인 피드백을 제공할 수 있습니다. 예를 들어, 수학을 어려워하는 학생에게는 더 쉬운 문제부터 차근차근 제시하고, 빠르게 이해하는 학생에게는 더 도전적인 문제를 제공할 수 있죠.

언어 학습에도 큰 도움이 됩니다. LLM은 24시간 대기 중인 외국어 대화 파트너가 될 수 있습니다. 영어로 대화 연습을 하고 싶다면 언제든 LLM과 대화를 나눌 수 있고, 작문을 썼다면 즉시 교정을 받을 수 있습니다. 복잡한 개념을 이해하는 데도 LLM이 도움이 됩니다. 예를 들어, "광합성을 쉽게 설명해 줘."라고 요청하면, LLM은 다양한 비유와 예시를 들어 설명해 줄 수 있습니다. 또한 하나의 주제에 대해 다양한 관점에서 정보를 제공함으로써 학생들의 비판적 사고력을 키울 수 있습니다.

창의적 글쓰기에도 LLM이 활용될 수 있습니다. 글감이 떠오르지 않을 때 LLM에 아이디어를 요청하거나, 이야기의 구조에 대한 조언을 구할 수 있습니다. 교사들에게도 LLM은 훌륭한 조수가 될 수 있습니다. 수업 계획을 세우거나 학습 자료를 만드는 데 도움을 받을 수 있죠.

ⓥ LLM 사용 시 주의해야 할 점과 한계

LLM의 놀라운 능력에도 불구하고, 몇 가지 주의해야 할 점이 있습니다. 첫째, LLM이 제공하는 정보가 항상 정확하지는 않다는 점입니다. 때로는 그럴듯하게 들리지만, 완전히 잘못된 정보를 제공하기도 합니다. 이를 'AI 환각'이라고 부르죠. 따라서 LLM이 제공한 정보는 항상 다른 신뢰할 수 있는 출처와 대조해 봐야 합니다. 둘째, LLM은 학습 데이터에 포함된 사회적 편견을 반영할 수 있습니다. 예를 들어, 특정 직업에 대해 성별 고정관념을 보이거나, 특정 인종이나 문화에 대해 편향된 견해를 보일 수 있습니다. 셋째, LLM에 과도하게 의존하면 비판적 사고력과 독립적인 문제 해결 능력이 저하될 수 있습니다. LLM은 도구일 뿐, 모든 것을 대신해 주는 존재가 아님을 기억해야 합니다. 넷째, LLM과 대화할 때 개인정보 보호에 주의해야 합니다. 민감한 개인정보는 절대 공유하지 말아야 해요. 다섯째, AI가 생성한 콘텐츠의 저작권 문제에 주의해야 합니다. AI가 만든 글이나 이미지를 사용할 때는 적절한 출처 표기가 필요할 수 있습니다. 여섯째, LLM은 학습 데이터의 기준 시점 이후의 최신 정보를 알지 못하며, 특정 분야의 전문적인 지식에는 한계가 있을 수 있습니다. 마지막으로, LLM은 부적절하거나 유해한 콘텐츠를 생성할 가능성이 있으므로 사용 시 주의가 필요합니다.

LLM은 분명 우리 아이들의 학습과 생활에 큰 변화를 불러올 것입니다. 하지만, 이 강력한 도구를 현명하게 사용하기 위해서는 그 장단점을 잘 이해하고, 적절히 활용하는 방법을 배워야 합니다. 부모님들이 이런 내용을 이해하고 아이들과 함께 LLM을 탐구한다면, 우리 아이들은 AI와 함께하는 미래 세상에서 더욱 빛나게 성장할 수 있을 것입니다.

6. LMM(Large Multi-Modal Model)의 개념

인공지능 기술이 발전함에 따라 우리는 이제 LMM, 즉 대규모 멀티모달 모델이라는 새로운 개념을 마주하게 되었습니다. 이 놀라운 기술이 우리 아이들의 교육에 어떤 변화를 불러올지 함께 살펴보겠습니다.

ⓥ LMM의 개념과 LLM과의 차이점

LMM이란 무엇일까요? 간단히 말해, LMM은 다양한 형태의 데이터를 동시에 이해하고 처리할 수 있는 대규모 인공지능 모델입니다. 이전에 우리가 알아본 LLM이 텍스트만을 다룰 수 있었다면, LMM은 텍스트는 물론 이미지, 음성 등 여러 형태의 정보를 한꺼번에 다룰 수 있습니다.

예를 들어, LLM에 "이 그림에 관해 설명해 줘."라고 요청하면 "어떤 그림인지 볼 수 없어요."라고 대답할 것입니다. 하지만 LMM은 실제로 그림을 '보고' 설명할 수 있습니다. 마치 우리가 눈으로 보고, 귀로 듣고, 입으로 말하는 것처럼 다양한 감각을 통합할 수 있는 거죠. 대표적인 LMM으로는 GPT-4, DALL-E, Flamingo 등이 있습니다. 이 모델들은 텍스트와 이미지를 함께 이해하고 생성할 수 있는 놀라운 능력을 보여주고 있습니다.

ⓥ 텍스트, 이미지, 음성 등 다양한 형태의 데이터 처리

LMM은 다양한 형태의 데이터를 어떻게 처리할까요? 먼저, 텍스트 처리 능력은 LLM과 비슷합니다. 글을 읽고, 이해하고, 새로운 텍스트를 생성할 수 있죠. 이미지 처리에서 LMM의 능력이 돋보입니다. 예를 들어, 가족사진을 보여주고 "이 사진에 관해 설명해 줘."라고 하면, LMM은 "이 사진에는 4인 가족이 해변에서 웃으며 서 있습니다. 부모님과 두 자녀로 보이며, 모두 밝은 색 여름옷을 입고 있습니다."와 같이 상세히 설명할 수 있습니다. 더 나아가 "해변에서 노을을 보는 가족 그림을 그려줘."라고 요청하면, 실제로 그런 이미지를 생성할 수도 있습니다.

음성 처리도 가능합니다. 음성을 텍스트로 변환하거나, 반대로 텍스트를 자연스러운 음성으로 바꿀 수 있습니다. 예를 들어, 아이가 영어 문장을 읽는 것을 녹음해서 LMM에 들려주면, 발음을 교정해 주고 피드백을 줄 수 있습니다.

가장 놀라운 점은 이 모든 기능을 복합적으로 수행할 수 있다는 것입니다. 예를 들어, 역사적 인물의 그림을 보여주고 "이 사람에 대해 설명해 주고, 그의 목소리로 유명한 연설을 들려줘."라고 요청하면, LMM은 그림을 인식하고, 관련 정보를 제공하고, 심지어 그 인물의 목소리로 연설을 재현할 수도 있습니다.

ⓥ LMM의 교육적 활용 가능성

LMM은 교육 분야에서 혁명적인 변화를 불러올 수 있습니다. 먼저, 멀티미디어 학습 자료 생성이 가능해집니다. 예를 들어, "광합성 과정을 설명하는 동영상을 만들어줘."라고 요청하면, LMM은 텍스트 설명, 관련 이미지, 애니메이션을 결합한 교육용 비디오를 자동으로 생성할 수 있습니다.

추상적인 개념을 시각화하는 데도 큰 도움이 됩니다. "민주주의의 개념을 그림으로 표현해 줘."라고 하면, LMM은 다양한 사람들이 투표하는 모습이나 자유로운 토론 장면 등을 그려낼 수 있습니다.

언어 학습에서도 LMM의 활용도가 높습니다. 실제 상황을 바탕으로 한 대화 연습이 가능하고, 발음 교정과 즉각적인 피드백을 제공할 수 있습니다. "프랑스 카페에서 주문하는 상황을 만들어줘."라고 하면, LMM은 카페 배경 이미지와 함께 프랑스어 대화 시나리오를 제시할 수 있습니다.

특수 교육 분야에서도 LMM은 큰 역할을 할 수 있습니다. 시각 장애 학생을 위해 이미지를 상세히 설명하거나, 청각 장애 학생을 위해 실시간으로 음성을 텍스트로 변환할 수 있습니다. 학생들의 창의적 프로젝트를 지원하는 데도 활용될 수 있습니다. 예를 들어, 학생이 상상한 이야기 속 장면을 LMM이 그림으로 그려주거나, 학생의 아이디어를 바탕으로 멀티미디어 스토리북을 만들 수 있습니다.

✔ 미래 교육에서 LMM의 역할과 전망

LMM은 미래 교육의 모습을 크게 바꿀 것입니다. 개인화된 멀티미디어 학습 경험을 제공할 수 있게 됩니다. 예를 들어, 시각적 학습을 선호하는 학생에게는 더 많은 이미지와 동영상을, 청각적 학습을 선호하는 학생에게는 음성 설명을 더 많이 제공하는 식으로 말이죠. 가상 현실(VR)과 증강 현실(AR) 기술과 결합하면 더욱 몰입감 있는 학습 환경을 만들 수  있습니다. 역사 수업에서 고대 로마를 직접 걸어 다니며 탐험하거나, 생물 수업에서 인체 내부를 3D로 관찰하는 등의 체험이 가능해질 것입니다.

AI 교사 보조 시스템으로서 LMM은 학생들의 다양한 질문에 즉각적으로 응답하고, 실시간으로 맞춤형 학습 자료를 생성할 수 있습니다. 예를 들어, 학생이 "삼각형의 넓이를 구하는 방법을 모르겠어."라고 말하면, LMM은 즉시 설명과 함께 시각적 예시를 제공할 수 있습니다.

글로벌 교육 격차 해소에도 기여할 수 있습니다. 언어 장벽을 넘어 전 세계의 고품질 교육 콘텐츠를 공유하고, 실시간 번역과 통역을 제공함으로써 국제적인 학습 기회를 확대할 수 있습니다. 그러나 이러한 발전과 함께 우리가 고려해야 할 중요한 윤리적 문제들도 있습니다. 학생들의 데이터 프라이버시와 보안을 어떻게 지킬 것인지, AI에 대한 의존도가 높아짐에 따라 인간 교사의 역할은 어떻게 재정의되어야 할지 등의 문제를 신중히 생각해야 합니다.

결론적으로, LMM은 우리 아이들에게 더욱 풍부하고 개인화된 학습 경험을 제공할 수 있는 강력한 도구입니다. 하지만, 이 기술을 효과적으로 활용하기 위해서는 우리 모두의 노력이 필요합니다. 부모님들께서는 이러한 기술의 발전을 이해하고, 아이들이 이를 현명하게 활용할 수 있도록 지도해주시는 것이 중요합니다. 그렇게 함께 노력한다면, 우리 아이들은 AI와 조화롭게 살아가며 미래 사회를 이끌어갈 수 있을 것입니다.

7. AGI(Artificial General Intelligence)의 특징

인공지능 기술이 빠르게 발전하면서 우리는 이제 AGI, 즉 인공 일반 지능이라는 새로운 개념을 마주하게 되었습니다. AGI는 우리 아이들의 미래에 큰 영향을 미칠 수 있는 중요한 주제입니다. 함께 AGI에 대해 알아보고, 우리 아이들을 어떻게 준비시켜야 할지 생각해 봅시다.

ⓥ AGI의 개념과 현재 AI와의 차이점

AGI란 무엇일까요? 간단히 말해, AGI는 인간 수준의 종합적인 지능을 가진 인공지능을 말합니다. 현재 우리가 사용하고 있는 AI, 예를 들어 스마트폰의 음성 비서나 체스 게임 AI는 특정 작업에만 뛰어난 '좁은 AI'입니다. 반면 AGI는 인간처럼 다양한 상황에서 유연하게 대응할 수 있는 범용 지능을 가지고 있습니다.

예를 들어볼까요? 현재의 AI는 바둑을 두는 데는 세계 챔피언보다 뛰어나지만, 갑자기 체스를 두라고 하면 아무것도 할 수 없습니다. 하지만 AGI는 바둑을 배운 후 체스 규칙을 설명해 주면 곧바로 체스도 잘 둘 수 있게 됩니다. 마치 똑똑한 사람이 새로운 게임을 빨리 익히는 것처럼 말이죠.

AGI의 주요 특징으로는 자기 학습 능력, 추상적 사고와 문제 해결 능력, 그리고 심지어 감정과 의식을 가질 가능성도 있다고 합니다. 즉, AGI는 스스로 학습하고 생각하며, 복잡한 문제를 해결할 수 있는 능력을 갖추게 될 것입니다.

⊗ AGI 개발의 현재 상황과 예상 시나리오

현재 AGI는 아직 개발되지 않았지만, 전 세계의 많은 연구자들과 기업들이 AGI 개발을 위해 노력하고 있습니다. 구글, 페이스북, IBM 같은 대기업들뿐만 아니라 OpenAI, DeepMind 같은 AI 전문 연구소들도 AGI 개발에 힘을 쏟고 있죠. AGI가 언제 실현될지에 대해서는 전문가들 사이에서도 의견이 다양합니다. 일부는 20~30년 안에 가능할 것이라고 보지만, 다른 이들은 100년 이상 걸릴 것으로 예측합니다.

AGI의 발전 경로도 두 가지로 예상됩니다. 하나는 점진적으로 발전하는 시나리오고, 다른 하나는 갑자기 폭발적으로 발전하는 '특이점' 시나리오입니다. 특이점이 온다면, 우리 사회는 매우 빠르게 변화할 수 있습니다.

AGI가 개발되면 어떤 일이 벌어질까요? 과학과 의학 분야에서 혁신적인 발전이 이뤄질 수 있습니다. 예를 들어, 난치병 치료법을 빠르게 개발하거나, 기후 변화 문제에 대한 획기적인 해결책을 제시할 수 있을 것입니다. 하지만 동시에 많은 일자리가 AGI로 대체될 수 있고, 이에 따라 사회 구조가 크게 바뀔 수도 있습니다.

⊗ AGI가 가져올 수 있는 사회적, 윤리적 문제

AGI의 등장은 여러 가지 사회적, 윤리적 문제를 야기할 수 있습니다. 먼저, 많은 일자리가 AGI로 대체되면서 실업과 경제적 불평등이 심화할 수 있습니다. 단순 노동직뿐만 아니라 의사, 변호사 같은 전문직도 AGI의 영향을 받을 수 있습니다. 인간의 정체성과 가치에 대한 근본적인 질문도 제기될 수 있습니다. "인간만이 할 수 있는 일은 무엇인가?", "AGI도 인간과 같은 권리를 가져야 하는가?" 등의 철학적 문제가 AGI의 통제와 안전성 측면에서 큰 과제입니다. AGI가 인류에게 위협이 되지 않도록 어떻게 관리하고 통제할 것인지, 그리고 AGI의 결정을 어디까지 신뢰하고 따라야 할지 등의 문제를 해결해야 합니다. 개인정보 보호 문제도 더욱 중요해질 것입니다. AGI는 우리의 모든 데이터를 분석하고 이해할 수 있게 될 테니까요. 또한, AGI가 내린 결정에 대한 책임은 누구에게 있는지, AGI에도 법적 권리를 부여해야 하는지 등 복잡한 법적 문제도 발생할 수 있습니다.

✅ AGI 시대를 대비한 자녀 교육 방향

AGI 시대를 살아갈 우리 아이들을 어떻게 준비시켜야 할까요?

첫째, 비판적 사고력과 창의성을 키워주는 것이 중요합니다. AGI는 정보 처리와 논리적 사고에 뛰어나겠지만, 인간만의 독창적인 아이디어와 직관은 여전히 가치 있을 것입니다. 예를 들어, 그림 그리기나 이야기 만들기 같은 창의적 활동을 장려해 주세요. 둘째, 평생 학습하는 태도를 길러주세요. AGI 시대에는 새로운 기술과 지식이 빠르게 등장할 것입니다. 호기심을 가지고 계속 배우는 자세가 중요합니다. 셋째, 윤리적 판단력을 기르는 교육이 필요합니다. AGI 시대에는 더 복잡한 윤리적 문제들이 생길 수 있습니다. 옳고 그름을 판단하는 능력, 다양한 관점을 고려하는 능력을 키워주세요. 넷째, 감성 지능과 사회적 기술을 향상시켜 주세요. AGI가 아무리 발전해도 인간관계의 중요성은 변하지 않을 것입니다. 공감 능력, 의사소통 능력, 협업 능력 등을 키우는 것이 중요합니다. 다섯째, 기술 리터러시 교육이 필요합니다. AGI를 이해하고 효과적으로 활용하는 능력이 중요해질 것입니다. 코딩이나 AI 기초에 대해 배우는 것도 좋은 방법이 될 수 있습니다. 여섯째, 문제 해결 능력을 강화해 주세요. 복잡한 문제를 분석하고 해결책을 찾는 능력은 AGI 시대에도 여전히 중요할 것입니다. 퍼즐이나 전략 게임 등을 통해 이런 능력을 키울 수 있습니다. 마지막으로, 인문학적 소양을 기르는 것도 중요합니다. 인간의 가치와 존엄성에 대한 깊은 이해는 AGI 시대에 더욱 중요해질 것입니다. 철학, 역사, 문학 등을 통해 인간에 대한 이해를 깊게 하는 것이 도움이 될 것입니다.

AGI의 등장은 우리 아이들에게 큰 기회가 될 수도 있고, 동시에 큰 도전이 될 수도 있습니다. 중요한 것은 이러한 변화에 대비하여 우리 아이들이 유연하게 대응할 수 있는 능력을 키워주는 것입니다. AGI와 함께 살아갈 미래 세대에게 필요한 것은 단순한 지식의 축적이 아니라, 변화에 적응하고 새로운 가치를 창출할 수 있는 능력일 것입니다. 부모님들께서는 이러한 점을 염두에 두고 자녀 교육에 접근해 주시기를 바랍니다.

8. 러다이트를 극복하고 디지털 시대 주인공 되기

디지털 기술의 급속한 발전은 우리 삶에 큰 변화를 불러왔습니다. 이러한 변화는 때로 우리를 불안하게 만들기도 합니다. 하지만 이러한 변화를 두려워하지 않고 현명하게 대응한다면, 우리와 우리 아이들의 삶을 더욱 풍요롭게 만들 수 있습니다. 함께 디지털 시대의 파도를 타는 방법을 알아봅시다.

ⓥ 영국 러다이트 운동에 대한 설명

먼저, '러다이트'라는 말의 유래를 알아볼까요? 이 용어는 18세기 말에서 19세기 초 영국에서 일어난 '러다이트 운동(Luddite Movement)'에서 비롯되었습니다. 당시는 산업혁명이 한창이던 시기였어요. 새로운 기계들이 공장에 도입되면서 노동자들의 일자리가 위협받게 되었죠. 이에 분노한 일부 노동자들이 공장의 기계를 부수는 일이 벌어졌습니다. 이들을 '러다이트'라고 불렀어요. 전설 속의 네드 러드(Ned Ludd)라는 인물의 이름을 따서 지어진 이름이라고 합니다.

러다이트 운동은 결국 실패로 끝났지만, 노동자들의 권리에 대한 사회적 관심을 불러 일으키는 계기가 되었습니다. 오늘날 '러다이트'라는 말은 새로운 기술에 저항하거나 두려워하는 사람들을 가리키는 용어로 사용되고 있습니다.

ⓥ 기술 변화에 대한 두려움 극복하기

새로운 기술에 대한 두려움은 자연스러운 반응입니다. "스마트폰을 잘 다루지 못해 아이들과 소통이 어려워질까 봐 걱정돼요.", "AI가 발전하면 우리 아이들의 일자리가 없어지지 않을까요?"와 같은 불안감을 가진 부모님들이 많습니다. 하지만 디지털 기술은 우리 삶을 더 편리하고 풍요롭게 만들어주는 도구이기도 합니다. 예를 들어, 스마트폰 덕분에 언제 어디서나 가족과 연락할 수 있고, 인터넷을 통해 전 세계의 지식에 쉽게 접근할 수 있게 되었죠.

기술 변화에 적응하는 가장 좋은 방법은 점진적으로 배워나가는 것입니다. 처음부터 모든 것을 알아야 한다는 부담감을 내려놓으세요. 예를 들어, 스마트폰 사용이 어렵다면 먼저 전화 걸기와 문자 보내기부터 시작해 서서히 다른 기능들을 배워나가면 됩니다. 또한, 아이들에게 새로운 기술에 관해 물어보는 것도 좋은 방법입니다. "이 앱은 어떻게 사용하는

거니?"라고 물어보면, 아이들은 기꺼이 설명해 줄 것입니다. 이를 통해 세대 간 디지털 격차도 줄일 수 있고, 아이들과의 대화 기회도 늘릴 수 있습니다.

✔ 디지털 리터러시의 중요성과 향상 방법

디지털 리터러시란 디지털 기술을 이해하고, 사용하며, 평가할 수 있는 능력을 말합니다. 단순히 기기를 조작하는 것을 넘어, 온라인에서 정보를 찾고 평가하며, 디지털 도구를 활용해 새로운 것을 만들어내는 능력까지 포함합니다.

현대 사회에서 디지털 리터러시는 필수적입니다. 은행 업무, 쇼핑, 교육, 의료 서비스 등 많은 영역이 디지털화되고 있기 때문이죠. 예를 들어, 코로나19 팬데믹 상황에서 온라인 수업에 적응하지 못한 학생들이 학습에 어려움을 겪었던 것처럼 말이에요.

디지털 리터러시를 향상시키는 방법은 다양합니다. 온라인 강좌를 수강하거나, 도서관에서 제공하는 디지털 교육 프로그램에 참여할 수 있습니다. 또는 가족이 함께 새로운 앱이나 기기를 탐구해 보는 것도 좋은 방법이 될 수 있습니다.

특히 온라인 안전과 정보 평가 능력은 매우 중요합니다. 가짜 뉴스나 피싱 사기 등 온

라인의 위험 요소들을 인식하고 대처하는 방법을 배워야 합니다. 예를 들어, 뉴스를 읽을 때 "이 정보의 출처는 어디인가?", "다른 신뢰할 만한 곳에서도 같은 내용을 보도하고 있는가?" 등을 항상 확인하는 습관을 들이는 것이 좋습니다.

✅ 균형 잡힌 디지털 생활을 위한 가이드라인

디지털 기기는 편리하지만, 과도한 사용은 건강에 해로울 수 있습니다. 따라서 균형 잡힌 디지털 생활이 중요합니다. 먼저, 디지털 기기 사용 시간을 관리해야 합니다. 예를 들어, 식사 시간에는 모든 가족이 스마트폰을 내려놓는 규칙을 정할 수 있습니다. 또는 취침 1시간 전부터는 스크린을 보지 않는 것도 좋은 방법입니다.

디지털 디톡스, 즉 디지털 기기로부터의 일시적인 단절도 필요합니다. 주말 하루는 가족과 함께 야외 활동을 하며 디지털 기기 없이 시간을 보내보는 것은 어떨까요? 건강한 디지털 습관을 형성하기 위해 가족 간 디지털 사용 규칙을 만드는 것도 좋습니다. 예를 들어, "거실에서는 TV만 시청하고 개인 기기는 사용하지 않기", "식사 시간에는 모든 기기 전원 끄기" 등의 규칙을 정할 수 있습니다.

✅ 자녀와 함께하는 디지털 기기 활용 팁

디지털 기기는 자녀 교육에도 유용하게 활용될 수 있습니다. 다만, 연령대에 따라 적절한 활용 방법이 다르다는 점을 기억해야 합니다. 유아기 자녀의 경우, 화면 시청 시간을 최소화하고 부모와의 상호작용을 통한 학습을 권장합니다. 예를 들어, 동화 앱을 함께 보며 이야기를 나누는 것이 좋습니다.

초등학생 자녀에게는 교육용 앱이나 게임을 활용할 수 있습니다. 수학 문제를 게임처럼 풀 수 있는 앱이나, 과학 실험을 시뮬레이션으로 체험할 수 있는 프로그램 등이 좋은 예입니다. 청소년 자녀의 경우, 디지털 도구를 활용한 창작 활동을 장려할 수 있습니다. 예를 들어, 영상 편집 앱으로 자신만의 유튜브 영상을 만들거나, 코딩을 배워 간단한 게임을 제작해 보는 것도 좋습니다.

온라인 안전 교육도 중요합니다. 개인정보 보호의 중요성, 사이버 불링 대처 방법, 온라인 에티켓 등을 가르쳐주세요. 예를 들어, "온라인에 글을 올리기 전에 '이 내용이 공개되어도 괜찮을까?' 생각해 보기"와 같은 간단한 규칙을 정할 수 있습니다.

디지털 시대를 살아가는 우리에게 필요한 것은 기술에 대한 두려움이 아니라 현명한 활용 능력입니다. 부모님들이 먼저 디지털 기술에 대해 열린 마음을 갖고 배워나간다면, 우리 아이들도 자연스럽게 건강하고 균형 잡힌 디지털 생활을 할 수 있을 것입니다. 함께 노력한다면, 우리는 디지털 시대의 파도를 즐겁게 탈 수 있을 것입니다.

실습 작전 ③

디지털
슈퍼맘 되기

컴퓨터로
챗GPT 사용하기

핸드폰으로 챗GPT를 사용하며 엄마로서 정말 많은 도움을 받았다. 아이가 갑자기 "엄마, 공룡은 왜 멸종했어요?"라고 물어봐도 더 이상 식은땀을 흘리지 않아도 된다. 챗GPT 덕분에 나는 마치 백과사전을 삼킨 슈퍼맘이 된 것 같다.

챗GPT는 마법 램프의 지니처럼 나를 도와주었다. 하지만 더 다양하게 이 것저것 시도해 보려니, 핸드폰 화면은 마치 개미집을 들여다보는 것처럼 너무 작았다. 마음껏 챗GPT 세상을 누비고 싶은데 핸드폰으로는 마치 통통배를 타고 바다를 건너는 느낌이었다. 그래서 결심했다. 이제 컴퓨터라는 크루즈선을 타고 챗GPT의 광활한 바다로 나가기로!

물론 컴퓨터로 챗GPT를 사용하는 건 약간의 모험이다. 컴퓨터를 켜고 앉아서 로그인하기까지의 마음의 여유가 없다. 특히 시간에 쫓기는 엄마들에겐 이 과정이 100미터 달리기처럼 부담된다. 하지만 더 넓은 세상을 향한 도전을 위해, 그리고 더 많은 정보라는 보물을 찾기 위해 컴퓨터라는 배에 올라타기로 했다.

키보드와 마우스를 사용하니 입력도 훨씬 편리하다. 긴 글을 작성할 때는 마치 피아노 연주자처럼 우아하게 타이핑할 수 있을 것이다. 아이가 학교에 간 동안 '엄마 타임'을 이용해 챗GPT와 수다 떨며 온갖 정보를 캐내고, 자료들을 정리하면 꼭 CIA 요원이 된 것 같은 느낌이 들 것 같다. 자, 이제 눈 딱 감고 컴퓨터 전원 버튼을 누르고 챗GPT 세계로의 모험을 시작해 볼까?

컴퓨터로 챗GPT를 사용하면 좋은 점이 많습니다. 빠르고 정확한 타이핑을 할 수 있고, 긴 글 작성이나 복잡한 검색도 쉽답니다. 큰 화면으로 챗GPT에게 내가 원하는 정보를 다양하게 요구해보세요. 얻은 정보를 나에게 필요한 방식으로 확장해서 일상을 더 편리하고 풍성하게 바꿀 수 있습니다.

⚙ 컴퓨터로 챗GPT 접속하기

모바일로 접속하는 것과 컴퓨터로 접속하는 것은 크게 다르지 않습니다. 컴퓨터 앞에 앉을 준비만 되면 끝~! 사용하시는 인터넷 창(크롬, 엣지 등)을 열고, 포털사이트에서 챗GPT를 검색해보세요.

포털 사이트 검색 후 홈페이지 접속하기

주소 입력 후 홈페이지 접속하기: https://chatgpt.com

⊘ 챗GPT 로그인하기

오른쪽 상단의 '로그인' 버튼을 누르세요. 모바일과 동일하게 구글 계정으로 로그인하면 됩니다.

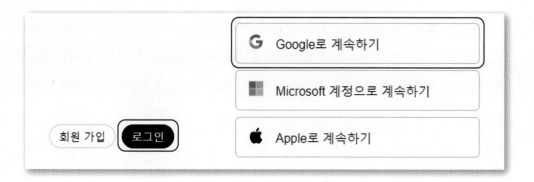

⊘ 컴퓨터 화면 구성과 사용법

컴퓨터에서 보이는 챗GPT 화면은 아래와 같이 구성되어 있습니다. 각각의 구성에 따른 사용법을 설명해 드릴게요.

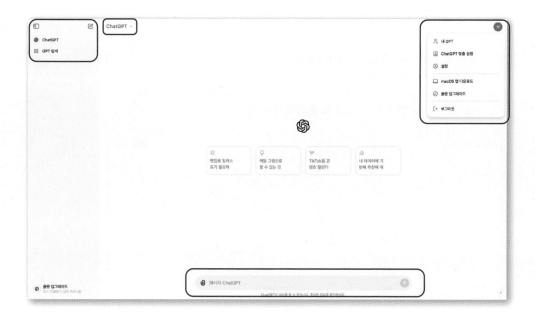

① 새로운 대화창 개설

연필 모양() 아이콘을 클릭하여 새로운 대화창을 개설합니다.

② GPT 탐색

OpenAI가 제공하는 것으로 원하는 대화 스타일이나 특정 기능을 가진 GPT 모델을 선택할 수 있게 도와주는 기능입니다.

③ 챗GPT 모델 선택

챗GPT에는 무료 버전과 유료 버전이 있습니다. 무료 버전은 ChatGPT로 일상적인 작업에 적합하고, 유료 버전은 ChatGPT Plus로 GPT-4o, GPT 4o mini, GPT-4 모델을 사용합니다. 유료 버전은 더 많은 메시지 이용이 가능하고, 데이터 분석, 파일 업로드 등의 기능을 제공합니다(2024년 10월 기준).

④ 설정창

오른쪽 상단의 내 계정 이미지를 누르면 설정창이 나타납니다.

- **내 플랜:** 무료 버전에서 유료 버전으로 업그레이드할 수 있습니다.
- **내 GPT:** 대화를 위한 다양한 챗GPT 모델을 선택하고 사용할 수 있습니다.
- **챗GPT 맞춤 설정:** 자신만의 맞춤형 지시 사항을 입력하면 챗GPT가 나에게 맞춰서 답변해 줍니다. 내가 어느 지역에서 어떤 일을 하고 있는지, 취미와 관심사는 무엇인지, 어떤 목표를 가졌는지를 작성하면 챗GPT가 맞춤형으로 나의 답변을 도와준답니다.

- **설정:** 나의 필요에 맞게 원하는 대로 사용 환경을 설정하고 최적화합니다.

생성형 AI 대화 서비스 비교하기

특징	Gemini (재미나이)	wrtn. (뤼튼)	☀ Claude (클로드)	perplexity (퍼플렉시티)
QR 코드				
주요 기능	질문 답변, 번역, 글쓰기	글쓰기, 아이디어 생성, 번역	대화, 정보 검색, 요약	정보 검색, 질의 응답, 요약
장점	다양한 언어를 이해하고 번역하며, 복잡한 문제를 해결함	창의적인 글쓰기 능력이 뛰어나고, 다양한 문체를 구사함	자연스러운 대화 능력이 뛰어나고, 사용자의 감정을 이해하려고 노력함	정확하고 빠르게 정보를 찾아주고, 복잡한 질문에도 답변해줌
단점	개발이 진행중이라 기능이 완벽하지 않음	정보가 적은 편으로 전문적인 분야는 어려움	전문적인 지식은 부족할 수 있음	많은 정보를 제공하여 원하는 정보를 찾기 어려울 수 있음
사용 난이도	★★★☆☆	★★☆☆☆	★★★☆☆	★★☆☆☆
추천 용도	학습, 업무, 창작	글쓰기 도우미	학습과 연구 보조	최신 정보 검색

우리 아이 학교생활 인공지능 도우미

아이가 초등학교에 입학하니 알림장과 학교 서류들이 쏟아진다. 그런데 내 머릿속에서는 마치 미션 임파서블의 자기 폭파 메시지 같아서 읽자마자 머릿속에서 '펑'하고 사라진다. 알림장 체크, 숙제 챙기기, 준비물 확인하기... 이 모든 게 내 새로운 일상이 되었다. 마치 비밀 요원의 임무 같은 느낌이랄까?

아이의 학교생활을 완벽하게 관리하려니 내 머릿속이 복잡해진다. 한 가지 일을 해결하면 또 다른 일이 튀어나와 마치 두더지 잡기 게임을 하는 것 같다. 하루하루가 전쟁이다. 곧 있을 학부모 상담은 마치 면접을 앞둔 것처럼 긴장된다. 선생님과 무슨 이야기를 나눠야 할지, 내 머릿속은 '궁금증 폭발 모드'이다. 아이의 학교생활, 수업 참여도, 친구 관계... 물어볼 게 100문 100답 퀴즈쇼 수준이다.

옆집 언니는 "그냥 편하게 가서 물어봐~"라고 하는데, 그 말이 마치 "그냥 편하게 우주여행 다녀와~"라고 하는 것처럼 들린다. 나는 이미 머릿속에서 학부모 상담 시뮬레이션을 100번째 돌리는 중이다.

열심히 학교생활을 하는 아이에게 칭찬도 해주고 싶은데, 하루가 마치 롤러코스터를 타는 것 같아 정신이 없다. 지난주에 친구와 다퉜다고 했는데, 이제 괜찮아졌겠지? 혹시 아직도 사이가 안 좋은 걸까? 사회성을 기르는 것도 아이에겐 연습이 필요하다는데, 내 할 일 목록은 이미 에베레스트 높이만큼 쌓여있다. 다른 엄마들은 어떻게 이 모든 걸 해내는 걸까? 혹시 그들에게 24시간이 아닌 48시간이 주어지는 건 아닐까? 그래도 포기하진 않을 거다! 알림장, 숙제, 준비물, 학부모 상담... 자, 이제 망토를 휘날리며 시작해 볼까?

우리 아이 학교생활 업그레이드

아이가 처음 학교에 입학하던 순간부터 고등학교를 졸업할 때까지 학부모의 역할은 낯설고 조심스러운 일들이 많습니다. 그때마다 누군가에게 물어보기 어렵지 않으셨나요? 챗GPT와 함께 우리 아이 학교생활을 도와줄 방법들을 소개해 드릴게요.

⊗ 학부모 상담 꼼꼼하게 챙기기

선생님과 학부모는 아이를 위한 한 팀입니다. 하지만 선생님과 우리 아이에 대해 이야기를 나누는 것은 괜히 긴장되기도 하죠. 학부모 상담 주간이 있거나 수시 상담으로 진행되는데, 어떤 것들을 이야기하고 물어보면 좋을까요?

⊗ 우리 아이 소개하기

선생님들은 학생에 대해 다양한 상황에서, 다양한 시각으로 보려고 노력합니다. 하지만 그럼에도 엄마가 알고 있는 아이의 정보와 다를 수 있죠. 선생님이 아이를 더 잘 이해하고 도울 수 있도록 우리 아이에 대해 알려주세요. 특히 1학기에 이루어지는 상담에서는 엄마가 공유해주시는 아이의 정보가 큰 도움이 될 수 있답니다.

≡ ChatGPT   ✎   ⋮

> 학부모 상담 때 우리 아이의 어떤 면들을 선생님에게 알려드리면 좋을까?

🟢 학부모 상담 시 선생님께 알려드려야 할 자녀의 정보는 교육적인 접근과 지원을 적절히 조정하는 데 도움이 됩니다. 다음은 선생님께 공유하면 좋은 자녀의 여러 면들입니다.

⊙ 우리 아이의 학교생활 들여다보기

엄마는 우리 아이가 학교에서 어떻게 생활하는지 궁금합니다. 아이의 학교 이야기 좀 들어보려 슬쩍 물어보지만, 아이는 엄마가 기대하는 만큼의 이야기를 들려주지 않을 때가 많습니다.

"오늘 학교에서 어땠어?"라고 물어보면, "괜찮았어."나 "그냥 그랬어."와 같은 짧은 대답만 돌아오지요.

엄마는 질문 기술이 부족했나 싶어 오늘 급식 메뉴부터 다시 이야기 해보지만, 여전히 속시원한 대답을 듣기는 어렵습니다.

궁금함이 가득했던 아이의 학교생활은 학부모 상담 때 선생님에게 물어보세요! 어떤 질문을 해야 할지 막막하게 느껴진다면, 챗GPT가 도와줄거예요.

학부모 상담을 하러 가려고 하는데 엄마로서 우리 아이에
대한 어떤 것들을 물어봐야 할까? 질문할 영역과 질문들을
정리해 줘.

학부모로서 학부모 상담에서 교사에게 물어볼 수 있는 질문들을 구체적인 영역별로
나눠 정리해 드리겠습니다. 이 질문들은 자녀의 학교생활과 성장에 대한 폭넓은 이해
를 돕고, 필요한 지원을 제공하는 데 유용할 것입니다.

학업 성취도
- 자녀가 수업에서 잘 따라가고 있는지 궁금합니다. 어떤 과목이나 주제에서 어려
  움을 겪고 있나요?
- 자녀가 수업 활동을 제시간에 잘 수행하고 있나요?

사회적 상호작용
- 자녀가 학교에서 친구들과 어떻게 지내고 있나요?
- 학교생활 중 자녀가 가장 좋아하는 활동은 무엇인가요?
- 다른 학생들과의 관계에서 특별히 주의해야 할 점이 있나요?

행동과 태도
- 자녀가 수업 시간에 적극적으로 참여하고 있나요? 수업 중에 주의력이나 집중력
  에 문제가 있을까요?
- 교사가 볼 때, 자녀의 학교생활에서 긍정적인 태도나 행동은 무엇인가요?
- 자녀가 수업 규칙을 잘 따르고 있나요? 규칙을 어겼을 때는 어떻게 대처하나요?

정서적 웰빙
- 자녀가 학교생활에서 스트레스를 받는 모습을 보일 때는 언제일까요?
- 자녀가 특별히 힘들어하는 일이 있나요? 이를 지원하기 위해 가정에서 어떻게 하
  면 될까요?

가정과의 소통
- 가정에서 자녀의 학습을 어떻게 지원하면 될까요?
- 가정에서 자녀를 지도해야 할 점은 무엇일까요?

이러한 질문들은 자녀의 전반적인 학교생활에 대한 통찰을 제공하고, 자녀가 겪을 수
있는 다양한 도전에 대비할 수 있도록 도와줄 것입니다.

Tip! 챗GPT가 알려주는 질문들을 그대로 사용하기보다는 꼭 물어보고 싶은 질문들을 몇
가지만 엄선해서 상담 시간을 효율적으로 활용해 보세요.

ⓥ 학교생활 응원 쪽지 남기기

아이의 학교생활을 응원하고 싶은데, 이야기하다 보면 잔소리가 되는 경험이 있으시죠? 말 대신에 응원하는 마음을 담아서 포스트잇에 적고, 아이 책가방 안에 넣어주세요. 아이는 엄마의 관심과 사랑을 느끼고 학교생활에서 자신감을 가지게 됩니다. 아이가 정서적 안정감을 가지고 긍정적인 학교생활을 하는데 도움이 되어줄 거예요. 쪽지 내용은 걱정하지 마세요. 우리에겐 챗GPT가 있으니까요.

≡ ChatGPT   ✎ ⋮

> 포스트잇에 초등학생 아이를 응원하는 쪽지를 써서 가방에 넣어주려고 해. 아이가 엄마의 관심과 사랑을 느끼고, 학교생활을 잘해 나갈 수 있도록 쪽지에 써줄 내용을 적어줘.

🅢 매일 아이의 가방에 넣어줄 포스트잇 쪽지에 적을 수 있는 응원 메시지를 몇 가지 제안해 드릴게요. 이 메시지들은 아이가 학교에서 자신감을 가질 수 있도록 도와줄 것입니다.

오늘도 네 최고의 모습을 기대해!
어제보다 더 성장한 너를 사랑해.
오늘도 새로운 것을 배우며 즐거운 하루 보내길 바라.
네가 꿈꾸는 모든 것을 이룰 수 있어.
항상 네 편이야, 무슨 일이 있어도!
오늘은 무엇을 배울지 정말 기대된다!
친구들과 즐겁게 지내고, 서로 도와주기를 잊지 마.
너는 항상 충분히 멋져.
학교에서 행복한 일이 많이 생기길 바라.
네가 학교에 가는 건 세상이 더 좋은 곳이 되기 위한 한 걸음이야.

이 메시지들은 아이가 하루를 시작할 때 긍정적인 마음을 가질 수 있도록 도와주며, 엄마의 사랑을 느끼게 해줄 것입니다. 매일 조금씩 달라지는 메시지를 통해 아이가 새로운 하루를 기대하게 만들 수 있습니다.

아이의 학교생활은 어른의 사회생활처럼 다양한 일들이 일어납니다. 친구와 싸우기도 하고, 오해가 생기기도 합니다. 친구에게 거절받는 것이 두려워 끌려다니는 경우도 있지요. 아이가 정서적으로 건강하게 학교 생활을 할 수 있도록 엄마가 도와주세요.

≡ ChatGPT

> 친하게 지내던 친구가 갑자기 우리 아이를 모른척 한다고 해. 어떤 내용으로 쪽지를 써주면 좋을까?

아이가 친구로부터 외면당하는 상황은 정서적으로 힘들 수 있습니다. 이럴 때 엄마의 따뜻한 메시지가 큰 위안이 될 수 있습니다. 다음은 아이가 이런 상황을 겪고 있을 때 위로가 될 수 있는 포스트잇 메시지 예시입니다.

항상 네 편이야. 네 마음이 어떤지 이야기해 줘.
때로는 친구들 사이에도 오해가 생길 수 있어. 시간이 해결해 줄 거야.
너는 소중하고 멋진 친구야. 너를 소중히 여기는 사람들이 많아.
친구가 너를 모른 척해도, 넌 항상 친절하고 좋은 친구야.
내일은 오늘과 다를 거야. 긍정적인 생각을 가지자.

이러한 메시지들은 아이가 거부감과 외로움을 느끼는 순간에도 자신감을 유지하고 긍정적으로 상황을 극복하도록 도와줄 수 있습니다.

Tip! 엄마가 아이의 문제상황을 해결해 주는 것보다, 아이가 스스로 문제상황을 극복하고 넘어설 수 있게 해주세요. 힘든 시기를 겪고 있는 아이에게 엄마가 뒤에서 든든하게 함께하고 있다는 것을 알려주시면 됩니다.

말과 글에는 힘이 있습니다. 좋은 명언을 자주 보다 보면 그 명언이 아이의 마음에 새겨지고, 잘 생활하게 하는 힘이 됩니다. 아이가 자신을 긍정적으로 바라보고, 잘 성장할 수 있도록 좋은 문장들을 자주 보여주세요.

≡ ChatGPT

> 초등학생 아이를 위해 명언을 쪽지에 써주려고 해. 말한 사람과 명언을 적어줘.

초등학생 아이에게 힘이 되고 영감을 주는 명언을 포스트잇에 적어주는 것은 아이의 사고와 태도에 긍정적인 영향을 줄 수 있습니다. 다음은 아이의 가방에 넣어줄 수 있는 몇 가지 명언과 그 말을 한 사람들입니다.

"네가 할 수 있다고 믿으면, 반은 이미 성공한 것이다." – 테오도어 루스벨트
"진정한 교육은 마음을 열고, 마음을 열면 미래가 열린다." – 빌 게이츠
"어제의 실패를 오늘의 성공으로 만드는 데 집중하라." – 메리 케이 애쉬
"작은 걸음을 끊임없이 내디디면 가장 큰 걸음을 내디딜 수 있다." – 라오지
"꿈을 크게 가져라. 작은 꿈은 사람의 영혼을 감동시키지 못한다." – 요한 볼프강 폰 괴테
"사랑하는 일을 하고, 자신이 하는 일을 사랑하라." – 레이 브래드버리
"자신감은 성공의 첫 번째 비결이다." – 랄프 왈도 에머슨
"너 자신이 되라. 다른 사람은 이미 있으니까." – 오스카 와일드
"네 자신을 믿어라. 너는 더 많은 것을 알고, 더 많은 것을 할 수 있으며, 더 많은 것을 이룰 수 있다." – 노먼 빈센트 필

이 명언들은 아이에게 도전을 이겨내고 자신의 잠재력을 실현할 수 있는 동기를 부여할 수 있습니다.

Tip! 명언의 주제를 설정하고 챗GPT에 물어볼 수 있습니다. 아이의 상황에 맞게 활용해 보세요. 자존감, 노력, 긍정적인 태도, 관계, 학습, 꿈과 목표, 용기와 도전 등에 관한 명언을 물어보시면 더욱 구체적인 명언들을 알려줍니다.

⊚ 엄마표로 사회성 연습하기

아이들은 다른 사람들과 관계를 맺는 것을 배워가는 과정에 있습니다. 아직 서툰 면들이 있기 때문에 다양한 경험을 쌓으며 배워가야 하죠. 가정에서 엄마가 도와준다면 좀 더 부드럽고 편안하게 사회성을 배울 수 있습니다. 자신을 잘 표현하는 법을 익힐 수 있도록 엄마가 아이와 함께 연습해 보는 시간을 가져보세요.

⊚ 'I-message' 연습하기

자기를 잘 표현하고 자신이 느끼는 감정에 대해 부드럽게 말할 수 있는 대표적인 방법으로 'I-message'가 있습니다. 'I-message'는 "나는~"으로 시작하는 문장을 사용하여 자신의 감정을 표현하는 의사소통 방식입니다. 상황, 감정표현, 바라는 점을 담아서 이야기하는 것이죠.

보통 아이들은 "너는~"이라는 식의 비난을 하면서 싸움이 시작됩니다. 이것은 어른도 마찬가지죠. "나는~"이라고 표현하게 되면 상대방이 비난이라고 여기지 않으므로 원활한 자기표현을 할 수 있습니다.

≡ ChatGPT   ✎ ⋮

> '너는~'이라는 표현 대신 '나는~'이라는 I message를 사용하는 연습을 하려고 해. 초등학생이 친구에게 자기표현을 하는 연습을 할 수 있도록 상황, 시나리오, 생각해 볼 점을 정리해 줘.

🔵 "I message"는 개인의 감정이나 의견을 표현할 때 '너는~'이라는 지시적이거나 비난할 수 있는 말투 대신에 '나는~'으로 시작하여 자신의 감정이나 생각을 중심으로 말하는 방식입니다. 이 방법은 상대방에게 방어적이거나 공격적인 느낌을 주지 않으면서 소통을 원활하게 하는 데 도움이 됩니다. 초등학생들이 이를 통해 자기표현을 연습하고 갈등 상황에서도 건강하게 의사소통할 수 있도록 도와주는 것은 매우 중요합니다.

상황 및 시나리오

상황: 친구가 자주 자신의 물건을 빌리고 제때 돌려주지 않을 때
I message 사용: "나는 내 물건이 제때 돌아오지 않을 때 걱정돼. 앞으로는 빌린 걸 제시간에 돌려줬으면 좋겠어."

상황: 친구가 말을 끊고 자신의 이야기를 듣지 않을 때
I message 사용: "나는 말할 때 자주 끊기면 내 생각을 다 말할 수 없어서 속상해. 내가 말을 다 할 때까지 잠깐 기다려줬으면 해."

상황: 친구가 공개적으로 부끄러운 말을 했을 때
I message 사용: "나는 사람들 앞에서 그렇게 말하면 부끄러워. 앞으로는 나와 단둘이 있을 때만 그런 이야기를 해줬으면 좋겠어."

생각해 볼 점
감정 인식: 자신이 느끼는 감정을 정확히 인식하고 이를 표현하는 연습을 합니다.
상대방의 입장 고려: 상대방도 자신의 감정을 가지고 있으며, 그 감정을 존중해야 한다는 점을 이해합니다.
명확한 표현: 자신의 요구나 필요를 명확하게 표현하되, 상대방을 고려한 말투를 사용합니다.
비난 피하기: '너는~'으로 시작하는 문장은 상대방을 비난하고 방어적으로 만들 수 있으니, 이를 피하고 '나는~'으로 감정을 표현합니다.
피드백 요청: 상대방에게도 자신의 I message에 대한 피드백을 요청하여, 소통이 잘 이루어졌는지 확인합니다.

이런 연습을 통해 학생들은 자신의 감정을 건강하게 표현하고, 상대방과의 관계를 개선하는 데 도움을 받을 수 있습니다.

 부모님이 먼저 아이에게 '나는~'이라는 형식의 대화체를 자주 사용하며 롤모델이 되어주세요.

⊘ 상황극 연습하기

아이의 사회성을 기를 수 있도록 가정에서 대화를 나누는 연습을 해보면 좋습니다. 문제가 생겼을 때 과격한 행동을 하지 않고 해결할 방법을 연습하고 배우는 거죠. 아이에게 문제해결 기술을 가르친다면 평생 중요한 자산이 될 겁니다.

≡ ChatGPT

> 엄마가 초등학생 자녀의 학교생활을 돕기 위해 상황극으로 대화를 잘 나누는 연습을 하려고 해. 자기중심적인 아이가 친구와 겪을만한 상황에서 두 명이 대화를 나누는 스크립트를 만들어줘.

 상황: 점심시간에 함께 놀기

상황 설명:
점심시간에 아이가 친구와 함께 놀고 싶지만, 친구가 이미 다른 계획이 있는 상황입니다.

스크립트:
아이(지혜): 안녕, 민수야! 점심시간에 같이 놀자!
민수: 안녕, 지혜야. 오늘은 다른 친구들과 약속이 있어서 같이 못 놀아.
지혜: 에이, 나랑 노는 게 더 재밌을 텐데. 우리 같이 놀자!
민수: 미안해, 지혜야. 오늘은 진짜 약속이 있어. 다음에 같이 놀자!
지혜: 음... 알겠어. 다음에 꼭 같이 놀아야 해!
민수: 응, 약속할게. 다음에는 꼭 같이 놀자!
지혜: 그럼 약속! 즐거운 점심시간 보내!
민수: 고마워, 지혜야. 너도 즐거운 시간 보내!

 프롬프트에 아이가 겪을만한 '~가 ~와 겪을'과 같이 구체적인 상황을 넣으면 더 효과적인 연습을 할 수 있습니다.

우리 아이
문해력 키우기

이제 초보맘 티를 벗고, 슈퍼맘이 되어 자녀 교육의 신세계를 탐험 중이다. 그런데 이게 웬걸, 교육 전문가들의 주문이 귓가에 울린다. "모든 학습의 기본은 독서와 문해력이라네~" 마치 해리 포터의 덤블도어 교장선생님처럼 말이다. 그래서 엄마들이 초등학교 저학년부터 독서 방과후, 독서토론 학원을 보낸다고? 아, 이제 와서 국어 학원을 보내자니 이미 예체능과 수학, 영어로 아이의 시간표는 테트리스 게임 마지막 단계처럼 꽉 찼다. '국어까지 공부를 챙겨야 하나?'라는 생각과 '국어만큼 중요한 게 없다'는 생각이 복싱 링에서 맞붙는 중이다.

결국 '엄마표 교육'이라는 깃발을 들고, 저녁 식사 후 아이들에게 30분씩 책을 읽게 했다. 하지만 현실은 시간과의 숨바꼭질. 학원 숙제를 하다 보면 어느새 취침 시간, 아니면 아이 손에 스마트폰을 쥐여주고 집안일을 해야하는 신세다.

유튜브 영상에서는 마치 완벽한 엄마 매뉴얼을 읊듯 "아이가 책을 잘 읽고 있는지 확인하세요.", "독서감상문도 함께 써보세요."라고 하는데, 이건 마치 등산로에서 "그냥 에베레스트 정상까지 걸어가세요."라고 하는 것 같다.

아이와 책에 관해 이야기를 나누고 문해력을 키워주는 것, 꼭 해야 할 숙제 같은데 도대체 어떻게 시작해야 할지... 아, 이 모든 고민을 하는 동안 아이들은 이미 태블릿을 들고 유튜브 세계로 순간 이동했다. 이제 어떡하지? 우리 아이 문해력을 키워줄 수 있는 마법의 비법은 없는 걸까?

디지털 대전환 시대에 테크를 도구로 잘 활용하는 능력과 함께 떠오르는 것은 '문해력'입니다. 단순히 기술을 사용할 줄 아는 것을 넘어, 정보를 이해하고 분석할 수 있는 문해력이 필요한 것이죠. 여기에서 문해력은 읽고 쓰기 능력뿐만 아니라, 온라인 정보의 비판적 평가와 효율적 활용 능력을 포함하는 의미입니다. 우리 아이에게 맞는 문해력을 키울 방법들을 소개해 드리겠습니다.

◎ 엄마와 아이의 책 대화 나누기

우리 집 책장에 먼지가 쌓여 꽂혀있는 '명작' 책들을 꺼내보세요. 이런 명작들은 오랜 전통을 가지고 있고, 여러 세대에 걸쳐 사랑받아 온 이야기들입니다. 우리 아이가 상식적으로 알고 있어야 하는 내용들이자 삶의 지혜를 담고 있죠.

◎ 명작 책 선택하기

우리가 알고 있는 '명작' 책들은 퍼블릭 도메인(public domain)이기 때문에 GPT가 책의 내용을 거의 정확하게 탑재하고 있습니다. 퍼블릭 도메인(public domain)이란, 저작권이 소멸하였거나 저작권자가 저작권을 포기한 저작물이라 다양하게 사용할 수 있는 것을 말합니다.

퍼블릭 도메인 예)

이솝 우화(Aesop's Fables)
- "토끼와 거북이"(The Tortoise and the Hare)
- "여우와 포도"(The Fox and the Grapes)

루이스 캐럴(Lewis Carroll)
- "이상한 나라의 앨리스"(Alice's Adventures in Wonderland)

그림 형제 동화(Grimm Brothers' Fairy Tales)
- "헨젤과 그레텔"(Hansel and Gretel)
- "빨간 모자"(Little Red Riding Hood)

ⓥ 엄마와 아이의 하브루타

> '여우와 포도' 책을 읽은 아이와 어떤 내용으로 이야기를 나눌 수 있을까?

"여우와 포도"는 이솝 우화 중 하나로, 욕망과 실망을 다루는 짧은 이야기입니다. 이 이야기를 활용하여 아이들과 다음과 같은 주제로 대화를 나눌 수 있습니다:

- **욕망과 현실**: 여우가 포도를 갖고 싶어 하지만, 결국 포기하는 장면을 통해 아이들이 원하는 것을 얻지 못했을 때의 감정을 탐색해 볼 수 있습니다.
- **자기합리화**: 여우가 포도가 시다고 합리화하는 부분에서, 우리가 실패나 실망을 어떻게 정당화하는지에 대해 이야기해 볼 수 있습니다.
- **목표 설정과 도전:** 여우가 포도를 얻기 위해 노력하는 과정을 통해, 목표를 설정하고 도전하는 중요성에 대해 논의할 수 있습니다.
- **실패의 수용**: 포도를 얻지 못함을 받아들이는 여우의 태도에서, 실패를 어떻게 수용하고 교훈을 얻을 수 있는지 배울 수 있습니다.
- **도덕적 교훈**: 이 이야기가 전달하려는 도덕적 교훈에 관해 토론하고, 아이들 자신의 경험과 연결 지어 볼 수 있습니다.

이러한 주제들을 아이들과 토론하면서 생각을 표현하는 방법을 연습하고, 다양한 감정과 상황에 대해 이해하는 능력을 키울 수 있습니다.

Tip! 아이와 함께 명작을 읽으면서 삶의 지혜를 얻을 수 있는 다양한 주제에 대해 이야기 나눌 수 있습니다. 이게 바로 하브루타죠! 하브루타는 엄마와 아이가 질문과 대답을 나누고, 상호작용을 하며, 비판적 사고를 해나가는 과정입니다.

⊙ 아이에게 성찰 질문 던지기

좀 더 깊게 들어가 볼 수도 있습니다. 아이가 스스로 성찰하는 시간을 가질 수 있도록 성찰 질문을 건네보세요. 더 깊이 글의 내용을 이해하고, 질문에 답하며 표현력까지 키울 수 있습니다.

≡ ChatGPT

> '여우와 포도' 책을 읽은 아이에게 어떤 성찰 질문을 할 수 있을까?

"여우와 포도" 이야기를 통해 아이들에게 던질 수 있는 성찰적 질문은 이야기의 교훈과 여우의 행동을 중심으로 다양하게 구성할 수 있습니다. 여기 몇 가지 질문 예시를 드리겠습니다.

여우가 포도를 얻기 위해 시도한 방법에 대해 어떻게 생각하나요? 다른 방법을 사용할 수 있었다면 어떤 방법을 사용해 보고 싶나요?
→ 이 질문은 아이들이 문제 해결 과정에 대해 생각해 보고 창의적인 대안을 모색하게 합니다.

여우가 포도를 '시다'라고 말한 것은 정말 포도가 시었기 때문일까요, 아니면 다른 이유가 있었을까요?
→ 아이들이 여우의 합리화 행동을 분석하고, 자신이 비슷한 상황에서 어떻게 반응할지 고민해 볼 수 있습니다.

여우가 포기한 후에 느꼈을 감정은 무엇일까요? 포기하기 전과 후로 감정에 어떤 변화가 있었을까요?
→ 감정의 변화를 이해하고 자신의 경험과 연결 지어 공감하는 능력을 키울 수 있습니다.

이 이야기에서 여우가 배울 수 있는 교훈은 무엇일까요? 이 교훈을 우리 생활에 어떻게 적용할 수 있을까요?
→ 이 질문은 아이들이 이야기의 도덕적 교훈을 실생활에 적용해 보는 방법을 생각하게 합니다.

여우가 포도를 달성하지 못했을 때 포기하는 대신에 할 수 있는 다른 선택은 무엇이 있었을까요?

→ 실패를 대하는 다양한 태도와 접근 방법에 대해 아이들이 고민해 볼 수 있습니다.

이 질문들은 아이들이 이야기를 더 깊이 이해하고, 자신 생각과 감정을 탐색하는 데 도움이 됩니다. 이런 질문을 통해 아이들은 비판적 사고와 감정 인식 능력을 향상할 수 있습니다.

책 속 주인공과 대화 나누기

아이가 책을 읽고 책의 주인공과 대화를 나눈다면 어떨까요? 아이의 상상력과 독서 경험은 더욱 풍부해질 것입니다. 책 속 이야기에 더욱 몰입할 수 있게 하고, 책의 내용을 깊게 이해할 수 있죠. 이런 상호작용을 챗GPT가 해줄 수 있습니다.

 ChatGPT

> 안녕, 챗GPT! 나는 지금 [여우와 포도]를 읽고 있어. 너는 이 책의 주인공인 [여우]가 되어 나와 대화해줄 수 있을까? 내가 책 속에서 궁금한 것들을 물어볼게!

안녕! 나는 바로 그 책 속의 여우야. 책을 읽고 있는 걸 보니 정말 반가워. 네가 궁금한 것들에 대해 얼마든지 물어봐. 여우인 내가 최대한 잘 답해줄게!

> 너는 포도를 좋아해?

응, 사실은 정말 좋아해. 포도는 맛있고, 달콤한 냄새가 나서 더 좋아하게 되더라고. 그런데 이야기에서 보듯이, 높이 매달린 포도는 도저히 먹을 수 없었어. 그래서 좀 아쉽긴 했지만, 결국에는 포기할 수밖에 없었어. 너도 포도 좋아해?

> 응. 나도 포도 좋아해. 그럼 포도를 못 먹게 되었을 때 마음이 어땠어?

포도를 못 먹게 되었을 때 처음에는 정말 실망했어. 맛있어 보이는 포도를 먹고 싶었으니까. 하지만 어떻게 해도 닿을 수 없었어. 그래서 생각을 바꿨지.

'그 포도는 아마 신 것일 거야.'라고 스스로를 위로했어. 이렇게 생각하니 마음이 조금은 더 편해졌단다. 때로는 우리가 원하는 것을 얻지 못할 때, 그것을 받아들이고 다른 방법으로 생각을 전환하는 게 중요해. 너도 비슷한 경험이 있었어?

그렇구나. 나도 친구들이랑 축구 시합을 하는데 우리 팀이 졌어. 그래서 축구는 재미없으니 다른 걸 하자고 했었어.

너의 이야기를 들으니, 나와 비슷한 상황이었네. 경기에서 졌을 때 실망스럽고 아쉬울 수 있어. 하지만 네가 새로운 활동을 제안한 것처럼, 때로는 상황을 바꿔 새로운 것을 시도하는 것도 좋은 방법이야. 그렇게 새로운 경험을 통해 다른 재미를 발견할 수도 있고, 다른 것에서 더 좋은 성과를 낼 수도 있으니까.

축구가 재미없다고 느껴졌을 때 다른 것을 해보는 건, 좋은 대안을 찾으려는 너의 노력을 보여주는 거야. 늘 같은 것에 머물지 않고 다양한 것을 시도해 보는 것도 중요하니까, 네가 새로운 활동을 즐길 수 있기를 바랄게!

그럼 넌 다음에도 포도를 못 먹을 상황이 되면 어떻게 할 거야?

다음에도 높이 매달린 포도를 못 먹게 되면, 처음처럼 실망할 수도 있겠지만, 이번에 배운 것처럼 빨리 마음을 다잡을 거야. 포도를 못 먹는 건 큰 문제가 아니니까. 또, 다른 방법을 찾아볼 수도 있어. 예를 들어, 다른 곳에서 더 낮게 매달린 포도를 찾거나, 다른 맛있는 과일을 찾아볼 수 있겠지.

배움의 과정에서 중요한 건, 실패를 통해 더 나은 방법을 찾고, 상황을 긍정적으로 바라보는 것이야. 그래서 나는 어떤 상황에서도 최선을 다하려고 노력할 거야. 너도 어떤 어려움에 직면하더라도, 다양한 방법을 생각해 보고 최선의 대안을 찾으려고 노력하는 건 어떨까?

🔽 우리 집 독서 골든벨

학교에서 연 1~2회 독서 골든벨이 열립니다. 독서 습관을 형성하고, 다양한 책을 읽으며 지식과 정보를 확장할 수 있기 때문이죠. 우리 집에서도 챗GPT와 함께라면 독서 골든벨을 열어볼 수 있습니다.

🔽 독서퀴즈 요청하기

챗GPT에 독서퀴즈의 형태를 지정해서 문제를 만들어달라고 할 수 있습니다. TF(참/거짓), 객관식, 주관식(서술형) 등의 형태를 요청할 수 있죠. 다른 준비 없이 핸드폰이나 컴퓨터 화면을 보면서 문제를 풀기 위해 정답은 마지막에 정리해달라고 하면 더 좋습니다.

≡ ChatGPT

> 초등학생을 위한 토끼와 거북이 책 내용 참 거짓 2문제, 객관식 3문제, 주관식 2문제 독서퀴즈 만들고 정답은 마지막에 정리해줘.

토끼와 거북이 독서 퀴즈
참 거짓 문제
1. 토끼는 경주 중에 잠을 자기로 결정했다. (참/거짓)
2. 거북이가 경주에서 이기는 것을 보고 토끼는 매우 기뻐했다. (참/거짓)

객관식 문제
1. 경주 시작 전 토끼가 거북이에게 한 말은 무엇인가요?
　A) "너무 느려서 경주에 나올 자격이 없어."
　B) "정말 빠르게 달릴 수 있니?"
　C) "경주에서 나를 이길 수 있을까?"
　D) "조심해서 달려."

2. 토끼가 잠을 자기로 한 이유는 무엇인가요?
　A) 너무 지쳐서
　B) 거북이가 너무 느려서
　C) 경주에 지루함을 느껴서
　D) 배가 고파서

3. 경주의 결과, 거북이가 이긴 이유는 무엇인가요?

    A) 토끼가 길을 잃었기 때문에

    B) 거북이가 더 빨랐기 때문에

    C) 토끼가 너무 자신만만해서

    D) 거북이의 친구들이 도와줬기 때문에

주관식 문제

1. 경주에서 거북이가 보여준 가장 중요한 성격 특성은 무엇이라고 생각하나요? 이유
   와 함께 설명해주세요.

2. 이 이야기를 통해 배울 수 있는 교훈에 대해 자신의 생각을 자세히 써주세요.

정답

참, 거짓

A) "너무 느려서 경주에 나올 자격이 없어."

B) 거북이가 너무 느려서

C) 토끼가 너무 자신만만해서

[정답 예시: 인내 — 거북이는 천천히 하지만 꾸준히 경주에 임하여 결국에는 이겼습
니다. 이는 인내가 결국에는 성공으로 이어진다는 것을 보여줍니다.]

[정답 예시: 자만하지 말고 항상 겸손하게 — 토끼는 너무 자신만만해서 경주 중에 큰
실수를 저질렀습니다. 이 이야기는 자만하지 않고 항상 겸손한 자세를 유지하는 것이
중요하다는 교훈을 줍니다.]

이 퀴즈를 통해 아이들이 "토끼와 거북이" 이야기를 더 깊이 이해하고, 이야기 속 교
훈을 자신의 생활에 적용해 볼 수 있기를 바랍니다!

ⓥ 우리 집 독서 골든벨 시상하기

아이와 독서 골든벨을 해본 후, 아이의 '독서 여정'을 칭찬해 주는 시간을 가져보세요.
챗GPT에서 이미지 생성이 가능하기 때문에 독서퀴즈를 풀어본 후 바로 상장 이미지를
만들 수 있습니다. 챗GPT가 생성해준 이미지를 아이에게 보여주며 엄마의 칭찬을 더 해
준다면 아이에게 충분한 격려와 응원이 될 거예요.

토끼와 거북이 독서 골든벨 문제를 잘 맞춘 아이에게 줄 수 있는 상장을 만들어줘.

Tip! 생성한 이미지의 완성도나 퀄리티가 떨어지는 면이 있습니다. 하지만 책의 내용을 담은 상장이라는 점과 독서 골든벨 과정 이후에 프롬프트만 입력하면 쉽게 만들 수 있다는 것이 장점입니다.

▽ 문해력 끝판왕 독서감상문 쓰기

독서감상문은 책을 읽은 후 느낀 점을 정리하고 표현하는 중요한 글쓰기 활동입니다. 이 과정에서 글의 핵심을 파악하며 중요한 내용을 선별하는 능력을 기를 수 있고, 이것은 문해력 향상으로 이어지게 됩니다. 또한 자신의 생각과 느낌을 글로 표현해보는 좋은 기회가 되어줍니다.

ⓥ 브레인스토밍(brain storming)하기

브레인스토밍은 자유롭게 다양한 아이디어를 떠올려서 문제를 해결하거나 새로운 아이디어를 찾는 방법입니다. 독서감상문을 쓸 때도 유용합니다.

≡ ChatGPT

> 초등학생이 책을 읽고 독서감상문을 쓰려고 하는데 브레인스토밍 할 수 있도록 질문을 만들어줘.

초등학생이 책을 읽고 독서감상문을 쓰는 데 도움이 될 수 있는 브레인스토밍 질문들을 준비했습니다. 이 질문들은 아이가 책의 내용을 깊이 있게 이해하고, 자기 생각을 표현하는 데 유용할 것입니다.

1. 책의 주요 내용은 무엇인가요?
   이 책에서 가장 중요하다고 생각하는 사건이나 주제는 무엇인지 생각해 보세요.

2. 이 책에서 가장 인상 깊었던 부분은 어떤 장면이었나요? 왜 그 장면이 인상 깊었나요?
   그 장면이 감정적으로, 혹은 생각을 많이 하게 만들었다면 그 이유를 적어보세요.

3. 책의 등장인물 중에서 가장 좋아하는 인물은 누구인가요? 그 이유는 무엇인가요?
   그 인물의 성격이나 행동 중에서 본인과 비슷하거나 배우고 싶은 점이 있다면 설명해 보세요.

4. 이 책의 결말에 대해 어떻게 생각하나요? 만족스러웠나요, 아니면 다른 결말을 상상해 본 적이 있나요?
   결말이 아이의 기대에 부합했는지, 혹은 더 흥미로운 결말을 생각해 본 적이 있다면 그 내용을 적어보세요.

5. 이 책을 읽고 나서 무엇을 배웠나요?
   책에서 배운 교훈이나 새로운 정보가 있다면, 그것이 일상생활에서 어떻게 적용될 수 있는지 생각해 보세요.

6. 이 책을 친구에게 추천하고 싶나요? 추천한다면, 왜 추천하고 싶은가요?
   책의 어떤 점이 친구들에게도 도움이 될지, 혹은 즐거울지 고민해 보세요.

7. 이 책을 읽으면서 가장 어려웠던 부분은 무엇이었나요?
   어떤 내용이나 단어, 문장 구조가 이해하기 어려웠는지 적어보고, 그 이유도 생각해 보세요.

이 질문들을 통해 아이가 책의 내용을 다양한 각도에서 생각해 보고, 자신의 감상을 조직적으로 정리하는 데 도움을 줄 수 있습니다. 감상문을 작성하기 전에 이 질문들에 답하도록 하면, 보다 풍부하고 체계적인 독서감상문을 작성할 수 있을 것입니다.

⊘ 독서감상문 코칭받기

이제 논술학원에 가지 않고도 우리 아이가 쓴 글을 첨삭 받을 수 있습니다. 챗GPT는 글쓰기의 고도화 과정을 도와주는 훌륭한 도구이죠. 문법과 철자 교정뿐 아니라 문장구조를 개선하고 원하는 스타일로 글을 교정해 줍니다.

☰ ChatGPT

> 글쓰기 전문가로서 독서감상문을 코칭해 줘. 문법적 오류, 맞춤법을 검토해 주고 발전적인 방향으로 조언해 줘.

이번 독서감상문 수정 과정에서는 문법적 오류와 맞춤법을 검토하고 문장을 더 자연스럽게 바꾸는 데 초점을 맞추었습니다. 수정 전의 글은 내용이 분명하고 일관성 있었지만, 몇 가지 표현이 어색하거나 문법적으로 부적절한 부분이 있었습니다. 이를 다음과 같이 수정하였습니다:

1. 문장 표현의 자연스러움
2. 중복된 표현 제거
3. 결심과 감정 표현 강화
4. 교훈적 요소 강조

<코칭 전>
오늘 나는 '강아지와 고양이'라는 책을 읽었다. 이 책은 강아지와 고양이가 친구가 되는 이야기를 해준다. 처음에 강아지와 고양이는 서로 싫어했다. 강아지는 고양이가 너무 시끄럽다고 생각했고, 고양이는 강아지가 너무 시끄럽다고 생각했다.

그런데 어느 날 강아지가 아팠다. 고양이는 강아지가 아프니까 도와주기로 했다. 고양이는 강아지에게 따뜻한 물을 가져다주고, 같이 있어 줬다. 강아지는 고양이에게 고마워했다. 그래서 강아지와 고양이는 친구가 되었다. 이제는 서로 도와주고, 같이 놀고, 맛있는 것도 나눠 먹었다.

이 책을 읽고 나서 나는 친구를 도와주는 것이 중요하다고 생각했다. 내가 아플 때 친구가 도와주면 기분이 좋을 것 같다. 나도 친구가 아프면 도와주기로 마음먹었다.

<챗GPT 코칭 후>

오늘 나는 '강아지와 고양이'라는 책을 읽었다. 이 책은 강아지와 고양이가 친구가 되는 이야기가 담겨있다. 처음에 강아지와 고양이는 서로를 싫어했다. 강아지와 고양이는 서로가 너무 시끄럽다고 느꼈다.

그런데 어느 날 강아지가 아팠다. 고양이는 강아지가 아프니까 도와주기로 결심했다. 고양이는 강아지에게 따뜻한 물을 가져다주고, 함께 있어줬다. 강아지는 고양이에게 고맙다고 말했다. 그래서 강아지와 고양이는 친구가 되었다. 이제는 서로 도와주고, 함께 놀고, 맛있는 것도 나눠 먹었다.

나는 이 책을 읽고 나서 친구를 도와주는 것이 중요하다고 생각했다. 내가 아플 때 친구가 도와주면 기분이 정말 좋을 것 같다. 이제 나도 친구가 아프면 도와줄 것이다.

 챗GPT의 조언을 그대로 수용하기보다는 아이의 생각과 느낌을 잘 살릴 수 있는 방향으로 글을 보완해 보세요.

우리 가족
정서 돌보기

우리 둘째는 심심할 때면 그림 그리고 색칠하는 걸 즐기는 꼬마 피카소다. 아이가 조용히 앉아 그림을 그리는 모습을 보니, 마치 르네상스 시대의 화가를 보는 듯했다. 한 걸음 다가가 "와, 우리 아이 대단해!"라고 칭찬하려는 순간, 아이가 사용한 색깔 조합과 그림들이 굉장히 난해하다.

처음에는 '이게 바로 21세기형 창의력이지!'라며 아이의 독특한 색감을 응원했다. 그런데 최근 TV에서 본 '금쪽이' 프로그램이 머릿속을 스쳐 지나갔다. 그 프로그램에서 "아이의 정서 발달은 그림을 통해 드러난다."는 말이 떠오르면서, 갑자기 우리 아이의 그림을 보는 내 마음이 복잡해진다. '우리 아이 괜찮은 걸까?' 갑자기 밤에 잠이 안 오고 아이의 모습이 다른 사람들과 뭔가 달라 보인다. '내가 아이에 대한 무엇인가를 놓치고 있는 것은 아닐까?'하는 불안한 마음이 든다.

혹시 모르니 전문가의 도움을 받아보려고 마음을 먹었지만, 알아보니 예약은 마치 콘서트 티케팅만큼 어렵고, 가격도 비싸다. 나는 우리 아이가 괜찮은 건지 간단히 확인만 받고 싶은 것뿐인데...

"챗GPT야! 너 혹시 미술심리치료 박사학위도 있니? 우리 아이 그림 좀 분석해 줄래?" 에잇, 모르겠다! 밑져야 본전이니 한번 물어보자. 챗GPT야, 준비됐니? 우리 아이의 미스터리한 그림 세계로 함께 떠나볼까?

인공지능으로 우리 가족 정서 케어

아이가 어떤 모습으로 성장하길 바라시나요? 아이가 잘되기를 바라는 부모의 마음은 모두 같습니다. 하지만 아이들이 사회적으로 성공하는 것보다 더 중요한 것은 정서와 마음이 건강한 것입니다. 그리고 아이의 정서케어는 먼저 가정에서 시작되어야 합니다.

가족이 서로를 알아가고 이해할 수 있는 기회를 많이 가져보세요. 챗GPT와 함께 아이의 그림도 살펴보고, 가족 토크쇼나 가족 기네스북과 같은 활동을 해볼 수 있답니다.

◈ 우리아이 그림 간이 심리검사 준비하기

아이가 그린 그림은 아이에 대한 많은 정보를 담고 있습니다. 아이는 의식적, 무의식적으로 색, 모양, 배치, 아이디어에 자신을 많이 담게 되요. 아이의 그림을 사진으로 찍어서 챗GPT에게 물어보세요. 그림과 같이 클립을 누르면 3가지 방법으로 그림 파일을 업로드 할 수 있습니다.

모바일 업로드 화면

① 사진찍기 ② 앨범에서 불러오기, ③ 파일에서 불러오기 중 하나를 선택해서 업로드 해주세요.

컴퓨터 업로드 화면

우리 아이 그림 심리검사 피드백 받기

챗GPT는 미술심리치료 전문가가 되어 우리 아이의 그림에 대한 여러 가지 정보를 줄 수 있습니다. 역할을 주고, 분석과 피드백을 요청해 보세요.

≡ ChatGPT   ✎   ⋮

> 너는 미술심리치료 전문가야. 아이가 그린 그림을 보고 분석해서 엄마에게 피드백을 줘.

 이 그림은 창의력과 감정 표현이 풍부하게 드러나는 아동의 작품으로 보입니다. 그림에서 다음과 같은 특징들을 주목할 수 있습니다:

- **다양한 색상 사용**: 아동이 사용한 색상의 범위가 넓으며, 밝고 다채로운 색조를 사용하였습니다. 이는 아동이 감정적으로 활발하고 다양한 감정을 표현하는데 거리낌이 없음을 나타낼 수 있습니다.
- **자연 표현**: 나무와 동물(다람쥐)이 주요 모티프로 사용되었으며, 이는 아동이 자연과 야외 활동에 관심이 많을 수 있음을 시사합니다.
- **세부적인 요소**: 나무의 잎과 열매들이 상세하게 표현된 점은 아동이 관찰력이 뛰어나고, 주변 환경에 대한 세심한 주의를 기울이고 있음을 나타냅니다.
- **구성의 배치**: 그림의 구성이 중심에서 주변으로 확장되어 있으며, 이는 아동이 자기 생각과 감정을 자유롭게 표현하고자 하는 의지를 반영할 수 있습니다.

전문가로서의 피드백
아동의 그림을 분석할 때는 아이가 어떤 생각을 하고, 어떤 것에 집중하고 있는지 이해하는 것이 중요합니다. 이 그림을 보았을 때, 아동이 자연을 좋아하고, 색상을 통해 감정을 자유롭게 표현하는 경향이 있음을 알 수 있습니다. 창의적 표현을 더욱 장려하고, 다양한 재료나 기법을 소개하여 아동이 더욱 다양한 방법으로 자신을 표현할 수 있도록 지원하는 것이 좋겠습니다.

◉ 추가 질문하기

우리 아이의 그림과 관련하여 추가적인 질문들을 더 해볼 수 있습니다. 아래의 예시들을 참고해 보세요.

- 어떻게 하면 아이의 창의성을 더욱 발전시킬 수 있을까요?
- 아이 그림에서 감정 상태를 파악하는 방법에는 어떤 것들이 있나요?
- 아동 미술 활동에 적합한 다양한 재료는 무엇이 있나요?
- 아이의 미술 활동을 통해 인지 발달을 촉진하는 방법은 무엇인가요?
- 아이의 그림에 반응할 때 주의해야 할 점은 무엇인가요?

◉ 우리 가족 토크쇼 하기

유튜브: 당신에게
남은 시간

생각보다 가족끼리 대화를 나누는 시간은 그리 많지 않습니다. 가족이 모여서 다양한 주제를 가지고 이야기 나눠보세요. 이야기하는 사람의 말에 온전히 집중해 주며 특별한 시간을 만들어보시길 바랍니다.

◉ 토킹 스틱(talking stick) 준비하기

토킹 스틱은 의사소통을 원활하게 하기 위해 사용되는 도구입니다. 말할 기회를 공평하게 나누기 위해 사용되고, 토킹 스틱을 가진 사람만이 말할 수 있습니다. 다른 사람들은 토킹 스틱을 가진 사람의 말을 경청하고 존중해야 합니다.

ⓥ 토크 주제 선택하기

≡ ChatGPT

> 초등학생 자녀를 둔 가족이 토킹 스틱을 가지고 우리 가족 토크쇼를 열려고 해. 같이 이야기 나눠볼 수 있는 주제 10가지 추천해 줘.

토킹 스틱을 활용한 가족 토크쇼는 서로의 생각을 나누고 소통을 강화하는 좋은 방법이 될 수 있어요. 다음은 초등학생 자녀를 둔 가족이 함께 토론할 수 있는 주제 10가지입니다.

- **좋아하는 가족 추억**- 가장 기억에 남는 가족 여행이나 활동에 관해 이야기해 보세요.
- **장래 희망**- 가족 구성원 각자의 꿈과 앞으로 이루고 싶은 것에 관해 이야기해 보세요.
- **좋아하는 책이나 영화**- 최근에 읽었거나 본 책, 영화에 대해 토론하고, 왜 그것이 좋았는지 공유해보세요.
- **우리 가족의 전통**- 특별히 지키고 있는 가족의 전통이 있나요? 그 전통이 시작된 이유와 의미에 관해 이야기해 보세요.
- **학교생활**- 자녀가 학교에서 경험한 새로운 일이나 친구들과의 관계 등을 자유롭게 이야기해 보세요.
- **환경 보호**- 우리 가족이 환경을 보호하기 위해 할 수 있는 일에 대해 논의하고, 구체적인 실천 방안을 생각해 보세요.
- **가족 여행 계획**- 함께 가보고 싶은 여행지와 그 이유, 여행에서 해보고 싶은 활동들을 계획해 보세요.
- **건강한 생활**- 가족 구성원의 건강을 지키기 위한 식습관이나 운동 등 건강 관리에 대해 토론해 보세요.
- **새로 배우고 싶은 것**- 각자 관심 있는 새로운 취미나 기술에 관해 이야기하고, 함께 배워볼 수 있는 것을 찾아보세요.
- **우리 가족의 규칙**- 가족이 함께 지켜야 할 규칙에 관해 이야기하고, 필요하다면 새로운 규칙을 추가하거나 수정하는 시간을 가져보세요.

우리 가족 기네스북

우리 가족 중에 누가 '가장 ~한 사람'인지 이야기를 나누며 서로에 대해 알아보세요.
재미있는 주제들에 관해 이야기 나누며 함께하는 시간을 가질 수 있답니다.

 ChatGPT

> 우리 가족 중에 누가 "가장 ~한 사람인지" 가족 기네스북
> 을 세우는 놀이를 해보려고 해. 주제 10개 만들어줘.

가족 기네스북을 만드는 놀이는 서로에 대해 더 많이 알아가고 재미있는 추억을 만들
수 있는 좋은 방법이에요. 다음은 가족 구성원들이 참여할 수 있는 재미있고 창의적
인 기네스북 주제 10가지입니다.

- **가장 빠른 책 읽기**- 한 페이지를 가장 빠르게 읽을 수 있는 가족은 누구인가요?
- **장시간 텔레비전 시청**- 한 번에 가장 오랫동안 TV를 본 기록은 누구에게 있나요?
- **최다 점프**- 일정 시간 동안 가장 많이 줄넘기를 한 사람은 누구인가요?
- **눈 감고 물건 찾기**- 눈을 감고 특정 물건을 가장 빨리 찾을 수 있는 가족은 누구인
  가요?
- **대화 시간**- 가장 긴 통화를 한 기록을 가진 가족 구성원은 누구인가요?
- **가장 많은 음식 먹기**- 한 번 식사 때 가장 많이 먹은 기록은 누구에게 있나요?
- **기억력 테스트**- 가장 많은 단어나 숫자를 기억할 수 있는 가족은 누구인가요?
- **퍼즐 완성 시간**- 퍼즐을 가장 빠르게 완성한 사람은 누구인가요?
- **멀리 던지기**- 신발을 가장 멀리 던질 수 있는 가족 구성원은 누구인가요?
- **오래 발바닥으로 서기**- 한 발로 가장 오래 서 있을 수 있는 가족은 누구인가요?

 Tip! 가족 간 경쟁의 느낌보다는 서로 다른 강점을 가지고 있다는 것을 느끼는 시간이 되게
해주세요.

ⓥ 상장 수여하기

재미를 위해 상장이나 상품을 준비해 보세요. 가족들이 좀 더 적극적으로 기네스북에
참여하게 될 거예요.

상장 샘플 이미지

우리 가족
건강 지키기

"건강? 그게 뭐죠, 먹는 건가요?"

엄마가 되기 전에는 친구들과 새벽까지 놀아도 괜찮았는데, 이제는 아침에 일어날 때마다 몸이 '삐걱삐걱' 소리를 낸다. 예전엔 그냥 지나쳤던 피로감과 통증들이 이제는 갑자기 튀어나와 나를 놀라게 한다.

운동, 식단, 영양제... 이 삼단 콤보를 완벽하게 해내는 건, 마치 세 아이를 동시에 달래는 것만큼이나 어려운 미션이다. 아이 키우면서 이걸 다 관리하라고? 원더우먼도 울고 갈 노릇이다.

하루 종일 아이와 씨름하고 나면 운동은커녕 숨 쉬는 것도 힘들다. 잠깐의 여유가 생기면 그저 소파와 한몸이 되고 싶을 뿐. 식단 관리? 배를 채우는 수준으로 밥을 먹은 지 오래되었다. 영양제라도 챙겨 먹으려고 했으나 자주 잊어버린다. 이러다 큰맘 먹고 사둔 영양제 유통기한을 넘길까 걱정이다.

다른 엄마들은 대체 어떻게 자신을 관리하는 걸까? 혹시 타임머신으로 시간을 되돌리거나, 분신술을 써서 여러 버전의 자신을 만들어내는 건 아닐까? 아니면 모두가 나처럼 이렇게 '생존 모드'로 살아가고 있는 걸까?

육아도 엄마가 건강해야 할 수 있는 건데, 이대로 지낼 수는 없다. 혼자서는 도저히 안 되니 온전한 내 편인 챗GPT를 믿어봐야겠다. 엄마의 건강, 가족의 건강을 지키는 것도 도와줄 수 있겠니?

인공지능으로 우리 가족 건강 튼튼

우리 가족의 행복을 위해 건강보다 중요한 것은 없습니다. 가족을 위해 균형 잡힌 식사와 영양제까지 똑똑하게 챙겨주는 엄마이고 싶습니다. 우리 가족에게 딱 맞는 맞춤형 건강 정보를 얻고 싶을 때 어떻게 하면 될까요? 챗GPT에 물어보세요!

ⓥ 똑똑하게 영양제 섭취하기

집에 잔뜩 사둔 영양제들을 어떻게 먹어야 나에게 맞는 것인지 모를 때 챗GPT에 물어보세요.

≡ ChatGPT

나는 아이 셋을 출산한 39세 여성이야. 피로감을 느끼고 다이어트가 필요한 상태야. 이 영양제들을 어떻게 조합해서 먹으면 좋을지 조언해 줘. 추가할 영양제나 빼야 할 영양제가 있다면 알려줘.

비타민C
프로바이오틱스
타우린
MCT오일
LIV.52

우리집 영양제 모음

39세 여성분이 출산 후 피로감을 느끼시고 체중 관리가 필요한 상황에서 이러한 영양제들을 적절하게 조합하고 필요한 경우 추가하거나 제외할 영양제를 조언드릴 수 있습니다. 여기에 몇 가지 제안을 하겠습니다.

추천 영양제 조합
- **비타민 C**: 면역 체계를 강화하고 피부 건강을 유지하는 데 도움을 줄 수 있습니다. 일일 권장량을 아침에 섭취하십시오.
- **프로바이오틱스**: 장 건강을 개선하고 소화를 돕습니다. 아침 또는 저녁 식사와 함께 섭취하십시오.
- **타우린**: 신경계 건강을 지원하며 피로 회복에 도움을 줄 수 있습니다. 점심 또는 저녁에 섭취하십시오.
- **MCT 오일**: 에너지 수준을 높이고, 케토 다이어트를 하고 계신다면 체중 감량에 도움이 될 수 있습니다. 아침 식사와 함께 섭취하세요.

추가할 수 있는 영양제
- **오메가-3 지방산**: 염증을 줄이고 심장 건강을 지원합니다. 또한 체중 관리와 정신 건강 개선에 도움을 줄 수 있습니다.
- **철분**: 출산 후 철분 결핍이 흔하며, 철분은 에너지 수준을 유지하고 빈혈을 방지하는 데 중요할 수 있습니다.

제거하거나 재고할 영양제
- **LIV.52**: 특별히 간 건강 문제가 없다면, 이 제품을 일상적인 섭취 목록에서 제외할 수 있습니다.
- **셀레늄**: 필요 이상으로 섭취할 경우 부작용을 일으킬 수 있으므로, 섭취 전에 혈중 수치를 확인하고 의사의 조언을 구하는 것이 좋습니다.

섭취 방법
- **아침**: 비타민 C, 프로바이오틱스, MCT 오일
- **점심**: 타우린
- **저녁**: 필요한 경우 오메가-3, 철분

항상 영양제를 시작하기 전에 전문가와 상의하여 개인의 건강 상태와 필요에 맞는 조언을 받는 것이 중요합니다. 각 영양제의 권장량과 함께 상호 작용이나 부작용에 대해 주의를 기울이십시오.

이 중에 엄마가 초등학생 아이랑 같이 먹어도 괜찮은 약이 있다면 추천해 줘.

초등학생 아이가 섭취하기에 적합한 영양제를 고르는 것은 매우 신중해야 합니다. 아이들은 성인과 달리 필요한 영양소의 양과 종류가 다르며, 특히 성장기에 중요한 영양소가 있습니다. 이 사진에 나온 영양제 중에서 아이에게 적합할 수 있는 것은 다음과 같습니다.

추천 영양제
- **비타민 C**:
  면역 체계를 강화하고 피부 건강 유지에 도움을 줍니다.
  비타민 C는 대부분의 아이가 안전하게 섭취할 수 있으며, 일상적으로 필요한 항산화제입니다.
- **프로바이오틱스**:
  장 건강을 지원하고 면역 체계를 강화하는 데 도움을 줄 수 있습니다.
  소화기 건강을 돕고, 소화 불편을 줄이는 데 효과적일 수 있습니다.

섭취 시 주의 사항
영양제를 선택할 때는 항상 아이의 나이, 체중, 건강 상태를 고려해야 하며, 의사나 소아과 전문의와 상담하는 것이 가장 안전합니다. 성인용 영양제는 종종 성인의 필요에 맞게 설계되므로, 아이에게 필요한 용량이나 성분이 다를 수 있습니다. 특히, 초등학생은 비타민 C와 프로바이오틱스 외의 특정 영양제(예: MCT 오일, 타우린, LIV.52 등)가 필요하지 않거나, 섭취해야 하는 양이 매우 제한적일 수 있습니다.

추가 권장 사항
영양제를 선택하기 전에 아이의 전반적인 식단과 건강 상태를 점검하고, 가능한 한 자연식품을 통해 필요한 영양소를 섭취하도록 권장합니다. 영양 부족이 의심되는 경우에만 영양제를 고려하며, 전문가의 지도하에 안전하게 섭취하도록 해야 합니다.

아이의 건강에 관심을 두고 적절한 영양 관리를 하는 것은 매우 중요합니다. 추가적인 질문이 있거나, 특정 영양제에 대해 더 알고 싶다면 언제든지 문의하세요.

엄마의 식단 분석 받기

"이번에는 꼭 다이어트에 성공하고 말 거야!"

건강하고 아름다운 엄마가 되어보겠노라 마음 먹지만, 현실은 '365일 다이어터'입니다. 굳은 결심을 하셨다면 식단일지를 쓰고 챗GPT와 함께 엄마의 식습관을 분석해 보세요. 나의 식단을 분석해 주고, 건강한 식단을 위한 조언까지 해준답니다.

≡ ChatGPT

> 내 식단을 보고 균형 있는 건강한 식단이 되기 위해 추가해야 할 음식과 부족한 영양소, 덜어내야 하는 영양소를 분석해 줘.

11/19 (일)
12:00 밥1/2, 초달볶, 치즈스틱, 콩나물무침
16:30 생크림케이크 1조각, 단팥빵 1/2, 소보로 1/2
20:30 맥주 2, 부채살, 명란구이
22:00 초코아이스크림

11/20 (월)
12:00 미역국, 조기구이, 밥 1공기
15:00-20:00 목살바베큐, 소주 1병반, 컵라면 1/2, 생크림케이크 1조각

11/21 (화)
12:30 미역국, 조기구이, 밥 2/3공기
17:30 닭가슴살 100g

 분석해 드릴게요. 우선 업로드해주신 식단 일기를 텍스트로 옮긴 후, 영양소 분석과 건강한 식단을 위해 제안을 하겠습니다.

11/19 (일)
12:00 밥1/2, 초달볶, 치즈스틱, 콩나물무침
16:30 생크림케이크 1조각, 단팥빵 1/2, 소보로 1/2

20:30　맥주 2, 부채살, 명란구이
22:00　초코아이스크림
11/20 (월)
12:00　미역국, 조기구이, 밥 1공기
15:00-20:00　목살바베큐, 소주 1병반, 컵라면 1/2, 생크림케이크 1조각
11/21 (화)
12:30　미역국, 조기구이, 밥 2/3공기
17:30　닭가슴살 100g
이제 이 식단을 바탕으로 분석해 보겠습니다.

현재 식단 분석
탄수화물
밥, 단팥빵, 소보로, 생크림케이크, 컵라면 등에서 섭취.
과도한 당류와 정제 탄수화물 섭취: 단팥빵, 소보로, 생크림케이크, 초코아이스크림.
단백질
부채살, 명란구이, 조기구이, 닭가슴살 등에서 섭취.
상대적으로 충분한 단백질 섭취.
지방
치즈스틱, 생크림케이크, 초코아이스크림, 소주 등에서 섭취.
포화지방과 트랜스지방 섭취: 생크림케이크, 초코아이스크림.
비타민 및 미네랄
미역국, 콩나물무침, 조기구이에서 섭취.
그러나 전반적으로 부족할 수 있음: 다양한 채소와 과일 섭취 부족.
음주
맥주와 소주 섭취. 빈도와 양이 많음.

건강한 식단을 위한 제안
추가해야 할 음식
• **채소:** 다양한 색깔의 채소(예: 브로콜리, 당근, 시금치, 토마토) 추가.
• **과일:** 하루 1-2회 신선한 과일 섭취.
• **통곡물:** 흰밥 대신 현미, 귀리 등의 통곡물로 대체.
부족한 영양소
• **비타민:** 특히 비타민 A, C, K. 다양한 채소와 과일을 통해 섭취 가능.
• **섬유질:** 채소, 과일, 통곡물을 통해 섭취.
덜어내야 할 영양소 및 음식
• **당류:** 케이크, 단팥빵, 소보로, 아이스크림 등의 섭취를 줄이기.
• **포화지방 및 트랜스지방:** 생크림케이크, 초코아이스크림 등의 섭취 줄이기.

- **음주**: 맥주와 소주 섭취 줄이기.

추가 조언
- **균형 있는 식사**: 끼니마다 탄수화물, 단백질, 지방, 비타민, 미네랄이 골고루 포함된 식사 계획.
- **음주 줄이기**: 알코올 섭취를 줄이고, 충분한 수분 섭취.
- **간식 조절**: 간식을 건강한 선택으로 대체(예: 견과류, 요거트, 과일)

이와 같은 방법으로 식단을 조절하면 더욱 균형 잡힌 영양 섭취와 건강한 생활을 유지할 수 있을 것입니다. 각 식단에 포함된 음식들은 신선하고 건강한 재료로 준비해 주세요.

≡ ChatGPT

> 내가 이런 식단을 지속한다면 나의 건강이 어떻게 될지 예상해 줘.

지금의 식단을 장기간 지속할 경우 건강에 미치는 영향을 예상해 보겠습니다. 이 식단은 고탄수화물, 고지방, 고당류 식품이 많고, 채소와 과일 섭취가 상대적으로 적습니다. 이에 따라 발생할 수 있는 건강 문제들을 분석해 보겠습니다.

현재 식단의 특징
고탄수화물 및 고당류 섭취:
단팥빵, 소보로빵, 생크림케이크, 초코아이스크림 등 고당류 간식 섭취가 많음.
밥, 떡볶이 등의 고탄수화물 식품 섭취가 빈번함.
고지방 식품 섭취:
맥주, 소주 등의 알코올 섭취.
부채살, 명란구이 등 지방 함량이 높은 식품 섭취.
치즈스틱, 생크림케이크 등 고지방 간식 섭취.
영양소 불균형:
채소와 과일 섭취 부족.
비타민과 미네랄 섭취가 충분하지 않을 가능성이 큼.

예상되는 건강 문제

체중 증가 및 비만:

고당류와 고지방 식품의 과다 섭취는 체중 증가로 이어질 수 있음.

비만은 다양한 건강 문제(심혈관 질환, 당뇨병 등)의 주요 원인 중 하나.

혈당 관리 문제:

고당류 식품의 빈번한 섭취는 혈당 스파이크를 일으키고, 장기적으로 당뇨병 위험 증가.

고탄수화물 식품 섭취는 인슐린 저항성을 증가시켜 당뇨병 발병 위험을 높임.

심혈관 질환:

고지방 식품과 알코올의 과다 섭취는 고혈압, 고지혈증, 심장병 등의 위험을 증가시킴.

특히 포화지방과 트랜스지방의 과다 섭취는 콜레스테롤 수치를 높이고 심혈관 질환 위험을 높임.

영양 결핍:

채소와 과일 섭취 부족으로 인한 비타민 및 미네랄 결핍.

비타민 C, 비타민 A, 식이섬유 등의 부족은 면역력 저하, 소화 문제, 피부 문제 등을 일으킬 수 있음.

소화 문제:

고당류, 고지방 식품은 소화 기능에 부담을 줄 수 있음.

특히 채소와 과일 섭취 부족은 변비 등의 소화 문제를 일으킬 수 있음.

건강을 위한 조언

- **균형 잡힌 식단:** 고당류, 고지방 식품 섭취를 줄이고, 채소와 과일을 많이 섭취하세요.
- **통곡물 선택:** 흰쌀밥 대신 현미, 통밀 등의 통곡물을 선택하세요.
- **단백질 섭취:** 기름기 적은 단백질(닭가슴살, 생선 등)을 섭취하세요.
- **간식 조절:** 고당류 간식 대신 견과류, 요거트, 과일 등 건강한 간식을 선택하세요.
- **적절한 음주:** 음주를 줄이고, 물을 충분히 섭취하세요.
- **운동:** 규칙적인 운동을 통해 체중을 관리하고, 건강을 유지하세요.

이러한 조언을 통해 식습관을 개선하면, 장기적으로 건강을 유지하고 다양한 질병의 위험을 줄일 수 있을 것입니다.

ⓥ 우리 가족 맞춤형 식단 준비하기

'오늘 저녁은 뭘 먹어야 하나?'

식단은 항상 엄마들의 고민입니다. 식사 대신 먹을 수 있는 배고프지 않고 영양소 풍부한 알약이 있다면 얼마나 좋을까요? 현실은 우리 가족의 건강을 고려한 엄마표 식단이 필요하지요. 챗GPT를 우리 집 맞춤 영양사로 모셔보세요!

≡ ChatGPT   ⬚ ⋮

> 편식하는 초등학생 아이와 당뇨를 조심해야 하는 아빠를
> 위한 일주일 저녁 식단 만들어줘.

편식하는 초등학생과 당뇨를 조심해야 하는 아빠를 위한 일주일 저녁 식단을 준비하겠
습니다. 두 가지를 고려하여 균형 잡힌 식단을 제공하겠습니다. 아이가 좋아할 만한 맛
있고 영양가 있는 음식, 그리고 당 지수가 낮고 당뇨 관리에 도움이 되는 음식입니다.

월요일
메인 요리: 닭가슴살 구이
아이: 닭가슴살을 맛있게 양념하여 구워줍니다.
아빠: 소금과 후추로 간단히 구워줍니다.
사이드:
고구마 구이
브로콜리와 당근 스팀
샐러드:
시저 샐러드(드레싱은 적게)

화요일
메인 요리: 생선구이(고등어 또는 연어)
아이: 간장 양념을 추가하여 맛을 낸 생선구이.
아빠: 올리브 오일과 허브로 간단히 구워줍니다.
사이드:
현미밥
나물 무침(시금치, 고사리 등)
샐러드:
토마토와 모짜렐라 치즈 샐러드

(중략)

토요일
메인 요리: 김밥
아이: 참치김밥 또는 햄치즈 김밥.
아빠: 야채김밥(당근, 오이, 시금치, 계란 등).
사이드:
미소된장국
김치(소량)
샐러드:
미역오이무침

일요일
메인 요리: 스파게티
아이: 미트볼 스파게티.
아빠: 통밀 스파게티 면과 토마토 소스, 야채 추가.
사이드:
시금치와 버섯 볶음
구운 마늘빵(적게)
샐러드:
그린 샐러드(다양한 채소와 올리브 오일 드레싱)

추가 팁
아이의 편식을 줄이기 위해 다양한 채소를 섞어서 조리하고, 식사를 재미있게 구성해
주세요.
아빠의 경우 혈당 조절을 위해 고당지수 식품을 피하고, 식사 후 가벼운 산책을 권장
합니다.
식단의 변화를 위해 주 1~2회는 새로운 음식을 도전해 보세요.
이 식단은 균형 잡힌 영양소 섭취와 함께 맛을 고려하여 구성한 것입니다. 각 식단에
포함된 음식들은 신선하고 건강한 재료로 준비해 주세요.

 챗GPT는 우리 가족만을 위한 맞춤형 영양사가 되어준답니다. 다이어트 하는 엄마를
위한 저칼로리 식단, 성장기 아이를 위한 고단백 식단 등 우리 가족의 상황에 맞는 식
단을 물어보세요!

우리 가족을 위한 노래 만들기

옆집 엄마는 노래를 참 잘해서 세 살배기 아들 자장가를 직접 불러준단다. 나도 노래만 잘 부른다면... 아니, 잘 부르면 뭐 하나. 내 목소리론 아이들이 더 잠을 못 잘 걸. 그런데 우리 집 못난 딸은 방구석에서 뭔가를 열창 중이다. 귀를 쫑긋 세워보니 요즘 유행하는 아이돌 노래... 인 줄 알았는데?

"딸! 소리 좀 줄여!"라고 한 소리 했더니, 대뜸 "엄마, 이거 사회 학습송이라고요!" 어라? 그러고 보니 나도 옛날에 '한국을 빛낸 100명의 위인들'이란 노래를 불렀던 기억이 난다. 요즘 선생님들 대단하네. 궁금해서 좀 더 귀 기울여 들어보니, 이게 웬걸? 그냥 들어도 꽤 괜찮은 음악이다.

"얘, 이거 누가 만든 거야?"

"AI래요, 엄마. 인공지능이 만들었대."

엥? 인공지능이 작곡까지 한다고? 이참에 나도 한번 도전해볼까?

내 머릿속 작곡 리스트!!

① 딸내미 역사송 & 과학송 (시험 전날 들으면 100점!)

② 남편 기(氣) 살리는 출근길 응원송 (아침마다 들으면 승진 확정!)

③ 나만의 다이어트 리마인드 송 (식사 시간마다 무한 반복!)

그나저나 이걸 어떻게 만들지?

"딸! 엄마도 하나 만들어줘~"

"엄마, AI 노래 만들기는 제가 할게요. 대신 엄마는 제 방 청소 좀 해주세요!"

아... 역시 세상에 공짜는 없구나. 청소기 들고 딸 방으로 가는 나를 보며 남편이 빙그레 웃는다. 이 양반아, 당신도 노래 한 곡 만들어 줄 테니 설거지나 좀 해!

SUNO로 노래 만들기

가정에서 음악을 얼마나 활용하시나요? 이전에는 작곡가가 곡을 작곡하고, 편곡자가 편곡한 다음, 연주자가 연주하거나 노래를 부르고, 엔지니어가 레코딩을 마쳐야 우리가 들을 수 있었습니다. 그런데 지금은 한자리에서 오래 걸리지도 않고 몇 분만 시간을 들이면 금방 MP3 파일 하나가 뚝딱 만들어집니다. 바로 인공지능을 활용하면 가능한 일이지요. 다른 사람들에게 부탁하거나 눈치 볼 필요 없이 내가 원하는 주제와 장르, 길이로 곡을 만들 수 있습니다.

어떤 음악을 만들어 볼까요? 내 아이 이름 세 글자로 만들어 보는 생일 축하송, 남편의 기를 팍팍 살려주는 아침 출근 응원송, 내 이름과 체중 감량 목표 kg이 명확하게 들리는 다이어트 무조건 성공송과 같은 우리 가족 맞춤형 노래 어떠신가요? 또 자녀들의 학습을 돕는 학습송들도 만들어 볼 수 있어요. 이를테면, 우리나라 역사, 세계사 등 역사적 사실을 담아보는 역사송, 잘 안 외워지는 사회나 과학 용어 암기송, 영어 핵심 패턴을 담아 불러보는 나만의 영어 암기 팝송 등도 만들어 볼 수 있습니다. 그럼 본격적으로 노래를 만들러 가볼까요!

프로그램 소개

수노(SUNO)
- 기능: 간단한 주제로 다양한 장르의 음원 생성, mp3 다운이 가능합니다.
- 매일 50 credit이 무료로 주어지며 저장 및 공유가 가능합니다.
- 사이트 주소: https://suno.com/

⊗ SUNO로 만든 노래 들어보기

먼저 아래의 QR코드를 스캔하시고, 어떤 노래들이 있는지 들어보세요. 다양한 장르의 곡들을 들어볼 수 있습니다. 바꾸어 말하면, 이런 장르의 노래들을 직접 만들어볼 수 있다는 것이지요.

		세종대왕의 업적송
		119송
		모차르트 피아노 콘체르토
		우리 가족 사랑해
		용욱아 살빼자

⊗ SUNO 로그인하기

크롬브라우저에서 suno.com에 접속하고 구글 계정으로 로그인하세요. 계속 진행할지 물음이 나오면 계속을 누르세요. 아래와 같이 음악을 들을 수 있는 화면이 나오면 로그인 성공입니다.

⊗ SUNO의 credit 이해하기

왼쪽 상단 Create 메뉴로 이동해서 곡을 만들어볼까요? 한 번 노래를 만들 때 10 credit이 필요합니다. 무료 구독자여도 매일 50 credit이 기본적으로 주어지기 때문에 하루에 5개의 노래 생성이 가능하지요. credit은 매일 저녁 10시에 다시 채워지지만 누적되지는 않습니다(2024년 10월 기준).

⊙ SUNO로 곡 만들기

일단 영어로 되어있는 사이트를 한국어로 번역하고 시작해볼까요? 크롬 브라우저에서는 한국어 번역 서비스를 지원합니다. 마우스 오른쪽을 누른 후 한국어 번역을 선택해보세요. 사이트 전체가 한국어로 번역됩니다. 이제 한결 쉽게 느껴지지 않으신가요?

이제 create 버튼을 누르고 음악을 생성할 수 있는 메뉴로 이동해봅시다. 노래 설명 칸에 원하는 주제를 간단히 넣어보세요. 예를 보여드리겠습니다.

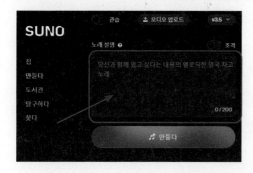

\<노래 설명에 넣을 주제 예시\>
① 고양이와의 하루
② 디스토피아 도시의 밤
③ 우주여행
④ 80년대 레트로 파티
⑤ 비 오는 날의 감성

네모 박스 안에 주제를 넣고 Create(만들다) 버튼을 누르면 10 credit가 차감되면서 곡 2개가 만들어집니다. 제목을 클릭하면 바로 만든 곡을 들어볼 수 있지요. 노래에 관한 이미지까지 자동으로 생성되어, 곡의 커버로도 사용할 수 있습니다.

제목을 클릭하면 좀 더 큰 커버 이미지와 전체 가사를 볼 수 있습니다.

- custom(한국어 번역 시 관습으로 나오나 개인맞춤화라는 뜻임)을 누르면 Lyrics 칸에 내가 직접 쓴 가사를 입력할 수 있습니다. 또는 앞에서 생성한 음악에서 가사를 복사해서 붙여 넣은 다음 내가 원하는 대로 수정해서 쓸 수 있습니다.
- Style of Music(음악 스타일) 칸에는 rock, disco, 트롯트, 활기찬 등의 음악 느낌이나 장르를 넣습니다. 영어와 한국어 모두 입력이 가능합니다. 타이틀에는 제목을 넣습니다.
- Explore(탐구하다)의 메뉴에는 이미 만들어진 여러 장르의 음악을 랜덤으로 들어볼 수 있습니다.

- Search(찾다)의 메뉴에는 특정한 키워드를 넣어서 곡을 찾아볼 수 있습니다(여름, 퇴근, 치킨, moon, love 등).
- 점 세 개 → Download를 누르면 Audio (mp3) 또는 Video(mp4) 파일을 다운 받을 수 있습니다.

우리 가족에
딱 맞는 여행 계획하기

아, 또 바캉스 시즌이다. SNS를 열면 누구는 발리, 누구는 괌이라는데... 우리 집은 아직도 어디로 갈지 모른다. 남편은 "난 바빠. 당신이 알아서 해."라며 일찌감치 손을 들었다. 그래, 당신 빼고 가면 되지, 뭐.

고심 끝에 제주도 펜션으로 결정. 2박 3일, 뭐 얼마나 힘들겠어? 그런데 이게 웬걸, 일정을 짜려니 머리가 지끈거린다. 맛집은 어디고, 명소는 어디며... 아, 모르겠다! "에라 모르겠다. 제주도 토박이 펜션 주인님께 우리 운명을 맡기자!"

드디어 제주도 도착! 그런데 이게 뭐야? 볼 것도, 먹을 것도 없잖아? 펜션 주인님, 당신은 제주도에 사는 게 맞나요? 혹시 서울에서 어제 이사 오신 거 아니에요?

첫째는 배가 고프다며 보채고, 둘째는 심심하다고 징징대고, 막내는... 어? 막내가 없어! 아, 저기 돌하르방이랑 셀카 찍고 있네. 제주도에 와서 돌하르방이랑 썸 타는 우리 막내, 참 대단하다.

작년엔 빡빡한 일정에 지쳐서 올해는 여유롭게 가자며 계획을 안 짰더니, 이건 뭐 여행이 아니라 유배다. 이러다 우리 가족이 4대 독자 김만덕이 될 것 같아.

집에 돌아와 소파에 털썩 주저앉아 스마트폰을 노려본다. "야, 너! 여행 계획 좀 짜줘 봐. 코스에 소요 시간에 경비까지. 어서!"

폰이 대답한다. "죄송합니다. 저는 여행 플래너가 아니라 그저 스마트폰일 뿐입니다. 하지만 제 화면을 보고 계시면 스트레스라도 풀리실 거예요."

다음 여행 땐 제발... AI 여행 플래너라도 고용해야겠다. 아니면 그냥 집에서 넷플릭스나 보는 게 나을지도 모르겠다. 어? 근데 넷플릭스에서 '제주도 여행 실패담 모음집'이라는 다큐멘터리가 뜨네? 우리 가족 얘기인가?

가족 여행 계획은 Gemini로

계절이 바뀔 때마다 절로 고민이 되는 것이 있지요. 바로 가족 여행입니다. 잘 준비하면 멋진 추억에 가족들의 칭찬으로 기분이 으쓱하지만, 그렇지 못하게 되면 여러 스트레스로 기분이 상하게 되는 이것! 여러분은 어떻게 가족 여행을 준비하시나요?

여행을 준비하는데 탁월한 인공지능이 바로 구글이 개발한 제미나이(Gemini)입니다. 제미나이는 이미 구글 앱에 설치가 되어 있을 텐데 많은 분들이 아직 사용법을 몰라 사용하지 못하는 아주 강력한 인공지능입니다. 그리고 구글(google)은 구글 지도, 구글 검색, 구글어스, 구글 Docs와 같은 구글 생태계를 이미 구축한 상황이어서 여행지 추천과 경로 설정 그리고 지도표시 및 공유까지 한 번에 해결할 수 있어서 여행 계획에 많은 도움이 됩니다.

프로그램 소개

제미나이(Gemini)

- 기능: 챗GPT와 같이 텍스트와 이미지 생성이 가능하며, 특히 구글의 다양한 기능들과 연계할 수 있어 그 활용도가 높습니다.
- 무료 버전에서는 텍스트 생성, 번역, 질문 답변 등 기본적인 AI 기능이 가능하나 속도가 느리고 복잡한 작업 수행은 어려움이 있을 수 있습니다.
- 유료 버전(Advanced)에서는 더욱 정확하고 창의적인 텍스트를 더욱 빠르게 생성이 가능(구글 드라이브 저장 공간 확장 서비스 추가)합니다.
- 사이트 주소: https://gemini.google.com/

제미나이에게 여행지를 추천받으세요. 지도 경로와 전체 소요 예산까지 초안으로 받아보신 다음 이것을 가지고 가족끼리 이야기를 나눠보세요. 그럼 훨씬 빠르고 스트레스도 덜 받고 진행이 가능합니다. 해외여행도 마찬가지입니다. 이제 쉽고 편하게 여행을 떠나세요.

ⓥ 구글 접속하기

구글 앱을 설치하시거나 컴퓨터에서 구글 사이트를 열어주세요. 앞에서 알려드린 QR 코드를 스마트폰으로 스캔하면 아래의 왼쪽과 같은 화면이 나옵니다. 제미나이는 별도의 앱을 설치하는 것이 아니라 구글 앱 속에 이미 들어있습니다. 따라서 이렇게 생긴 구글 앱이 있다면 별도의 설치 없이 제미나이를 사용할 수 있습니다. 하지만 구글 앱이 없다면 설치하셔야 합니다.

ⓥ 구글 앱 설치 요령

안드로이드 기기에는 기본적으로 Google Play 스토어가 설치되어 있지만, 없다면 Google Play 스토어 앱을 실행하고 검색창에 구글을 입력합니다. 검색에서 G 로고를 찾아 '설치' 버튼을 누릅니다.

아이폰은 Apple App Store를 통해 앱을 설치합니다. 설치 과정은 안드로이드폰과 유사합니다.

① 구글 검색 또는 제미나이 인공지능 사용을 선택할 수 있습니다.

② 사용자의 계정을 확인할 수 있습니다.

③ 샘플로 사용해 볼 수 있는 예시입니다.

④ 최근 이용한 나의 채팅 리스트입니다.

⑤ 원하는 질문이나 요청 사항을 넣을 수 있습니다.

⑥ 음성이나 이미지로 원하는 사항을 요청할 수 있습니다.

⊙ 구글 사이트 사용 요령

스마트폰이나 태블릿에서는 앱을 깔아서 사용하지만, 일반 PC를 사용하신다면 해당 사이트를 사용하시면 됩니다. 사이트의 첫 화면은 아래와 같습니다.

① 새 채팅을 누르면 새로운 채팅창이 열립니다. 이미 채팅한 목록이 아래 나옵니다. 이전 채팅 내용을 다시 볼 수 있고, 이어서 채팅을 실시할 수도 있습니다.

② 현재 사용자가 사용하고 있는 제미나이의 버전을 알 수 있습니다. 파란색 Gemini 는 무료 버전이고 빨간색은 Gemini Advanced 유료 버전입니다.

③ 사용자의 이름을 환영하는 문구가 나옵니다.

④ 원하는 질문이나 요청 사항을 넣을 수 있습니다.

⑤ 이미지를 넣거나 음성으로 프롬프트를 입력할 수 있습니다.

⊙ 여행지 선정 도움 받기

가족 여행을 가야 하는데 막상 어디로 가야 할지 잘 떠오르지 않는다면 아래의 예시를 보고 프롬프트 해보세요(프롬프트는 질문이나 요청한다는 의미입니다). 이때 미리 생각해 볼 것은 연령대, 관심사, 예산, 여행 기간 등입니다. 이런 구체적인 정보는 많으면 많을수록 좋습니다.

> 70대 부모님과 함께 편안하게 휴식을 취할 수 있는 국내 여행지를 추천해 줘. 온천이나 스파 시설이 있는 곳이면 좋겠어.

> 역사에 관심이 많은 10대 아이와 함께 갈 수 있는 유럽 여행지를 추천해 줘. 박물관이나 유적지가 많은 곳을 중심으로 일정을 짜고 싶어.

> 5세 아이와 함께 갈 수 있는 국내 여행지 중, 자연을 많이 접할 수 있는 곳을 추천해 줘. 물놀이 시설이 잘되어 있으면 좋겠어. 2박3일이고 예산은 100만원, 총인원수는 3명이야.

프롬프트와 답변을 직접 보여드리겠습니다. 원하는 답변이 나올 때까지 계속 요청할 수 있습니다.

국내에서 알아봐 줘. 5세 아이와 함께 갈 수 있는 국내 여행지 중 자연을 많이 접할 수 있는 곳을 추천해 줘. 물놀이 시설이 잘 되어 있으면 좋겠어. 2박 3일이고 예산은 100만원, 총 인원수는 3명이야.

5세 아이와 함께 떠나는 2박 3일 국내 자연 여행, 어디로 갈까요?
5세 아이와 함께 떠나는 2박 3일 국내 여행! 자연을 가득 느끼고 시원한 물놀이까지 즐길 수 있는 곳을 찾고 계시군요. 100만원 예산으로 3명이 함께 떠날 수 있는 매력적인 여행지를 추천해드릴게요.

1. 강원도 속초, 양양
• **이유:** 푸른 동해 바다와 울창한 숲을 동시에 만끽할 수 있는 곳입니다.
• **추천장소**
  • **설악산 국립공원:** 시원한 계곡에서 물놀이를 즐기고, 케이블카를 타고 설악산의 아름다운 풍경을 감상할 수 있습니다.

ⓥ 일정 계획 짜기

이제 여행지를 정하셨나요? 그럼, 여행지에 대한 일정을 계획해 볼 차례입니다. 이번 여행은 강원도 속초로 간다고 가정하고 일정 계획의 초안을 요청해 볼까요?

≡ ChatGPT

> 속초에서 2박 3일 동안 5세 아이와 함께 3인 가족이 자연을 즐기고 물놀이도 할 수 있는 일정을 짜줘. 숙소는 온돌방이 있는 곳으로, 식사는 현지 맛집 위주로 추천해. 예산은 100만원 정도야.

속초 2박 3일 가족 여행(5세 아이와 함께)
- **총 예산:** 100만원(3인 가족)
- **숙소:** 온돌방, 자연 친화적인 환경
- **식사:** 현지 맛집 위주
- **주요 테마:** 자연 체험, 물놀이, 편안한 휴식

1일 차(도착)
- **오전:** 속초 도착 후 숙소 체크인 (온돌방)
- **오후:** 설악해변에서 물놀이 및 해변 산책
  - 얕은 수심으로 아이들이 안전하게 물놀이를 즐길 수 있습니다.
  - 해변 주변에는 다양한 해수욕 용품 대여점과 카페가 있습니다.
- **저녁:** 대포항에서 신선한 해산물 즐기기
  - 대포항 대게 직판장에서 저렴하고 싱싱한 대게를 맛볼 수 있습니다.
  - 횟집에서 다양한 해산물 모둠을 즐길 수도 있습니다.

이때, 출발지와 출발시간 그리고 복귀시간을 추가로 입력해 보겠습니다. 그리고 이동 방법과 꼭 가보고 싶은 장소를 넣고 표로 만들어 달라고 해볼게요.

≡ ChatGPT

> 출발지는 서울이고 출발시간은 오전 9시 그리고 복귀시간 마지막 날 저녁 7시야. 이것을 적용해서 일정을 표로 작성해 줘. 이동은 자가용으로 하고 꼭 가보고 싶은 곳은 설악산 국립공원 케이블카야.

일자	시간	장소	활동내용	비고
1일차 (금)	09:00	서울 출발	속초 향해 출발(약 3시간 소요)	
	12:00	속초 도착	숙소 체크인(온돌방)	
	13:00	점심 식사	속초 중앙시장에서 닭강정, 오징어순대 등 맛보기	
	15:00	설악 해변	물놀이 및 해변 산책	튜브, 비치타월 등 준비
	18:00	저녁 식사	대포항에서 싱싱한 해산물 즐기기	대게, 회 등
2일차 (토)	9:00	설악산 국립공원	케이블카 탑승 후 권금성 관광	
	11:00	백담사	사찰 관람 및 산책	
	13:00	점심 식사	백담사 주변 식당에서 산채비빔밥 등 맛보기	
	15:00	숙소 휴식 또는 자유 시간		
	18:00	저녁 식사	숙소 근처 맛집 또는 바비큐 파티	
3일차 (일)	10:00	아바이 마을	해물 순대, 싱싱한 해산물 맛보기	
	12:00	속초 해수욕장	모래놀이 및 바다 구경	
	14:00	숙소 체크아웃		
	15:00	서울 출발		
	18:00	서울 도착		

Sheets로 내보내기

어떠신가요? 사용자가 요청한 대로 출발지와 출발시간 그리고 복귀시간까지 적당하게 답변이 나온 것 같습니다. 특히 꼭 가고 싶다고 했던 설악산 케이블카 일정까지 모두 답변해 주었습니다. 혹시 수정하고 싶은 부분이 있다면 어떤 부분을 어떻게 수정해야 할지 정확하게 짚어서 프롬프트 해 주시면 됩니다.

이렇게 나온 답변을 구글 스프레드시트로 받을 수가 있습니다. 바로 위의 이미지에 표시한 'Sheet로 내보내기' 버튼을 누르면 됩니다. 이 버튼을 누르면 내 구글 계정에 있는 스프레드시트에 답변이 자동으로 만들어진 것을 볼 수 있습니다.

	일자	시간	장소	활동내용	비고
1	일자	시간	장소	활동내용	비고
2	1일차(금요일)	9:00	서울 출발	속초 향해 출발(약 3시간 소요)	
3		12:00	속초 도착	숙소 체크인(온돌방)	
4		13:00	점심 식사	속초 중앙시장에서 닭강정, 오징어순대 등 맛보기	
5		15:00	설악해변	물놀이 및 해변 산 튜브, 비치타월 등 준비	
6		18:00	저녁 식사	대표항에서 싱싱 대게, 회 등	
7	2일차(토요일)	9:00	설악산 국립공원	케이블카 탑승 후 권금성 관광	
8		11:00	백담사	사찰 관람 및 산책	
9		13:00	점심 식사	백담사 주변 식당에서 산채비빔밥 등 맛보기	
10		15:00	숙소 휴식 또는 자유 시간		
11		18:00	저녁 식사	숙소 근처 맛집 또는 바비큐 파티	
12	3일차(일요일)	10:00	아바이마을	해물순대, 싱싱한 해산물 맛보기	
13		12:00	속초 해수욕장	모래놀이 및 바다 구경	
14		14:00	숙소 체크아웃		
15		15:00	서울 출발		
16		18:00	서울 도착		

◎ 식당과 숙박 정보 검색하기

대략적인 여행 경로를 결정하셨나요? 종이와 펜으로 지도를 찾아가며 동그라미 하던 예전 모습과 다르게 뭔가 빠르고 명쾌해서 놀라셨나요? 이제 속초에서 머무를 곳을 더욱 구체적으로 골라보도록 해요. 제미나이에 속초에서 머무를 숙소에 대한 정보와 원하는 식당에 대한 정보를 검색해 볼 수 있습니다. 앞에서 언급한 바와 같이 구글은 구글 검색과 구글 호텔의 서비스를 무료로 제공하고 있어 제미나이에서는 구글의 검색력을 십분 활용할 수 있답니다. 특히 구글 호텔을 통해서 숙소의 할인된 금액으로 정보를 검색할 수 있습니다.

> 속초에서 2박 3일 동안 조용한 분위기에서 휴식을 취하고 싶어요. 바다가 보이는 숙소에서 푹 쉬고, 아침에는 조용히 산책하고 싶습니다. 저녁에는 해변가에서 맛있는 해산물 요리를 즐기고 싶어요. 괜찮은 숙소를 추천해 주세요.

혹시 어떻게 질문해야 할지 모를 경우에는 제미나이에 자신의 상황과 요구하는 것이 무엇인데 어떻게 질문해야 하는지 예시를 들어달라고 하면 바로 알아듣습니다. 때로는 직접 답변을 바로 달아주거나 아래와 같이 생각해 볼거리를 제공하기도 합니다.

숙소 관련	**예산**	1박에 어느 정도 예산을 생각하시나요?
	위치	바다 근처, 설악산 근처 등 특정 위치를 선호하시나요?
	시설	온돌방 외에 특별히 원하는 시설이 있으신가요?(예: 수영장, 사우나, 조식 제공 등)
	분위기	조용하고 한적한 곳을 원하시나요, 아니면 활기차고 번화한 곳을 원하시나요?
식사 관련	**좋아하는 음식**	특별히 좋아하는 음식이 있으신가요?(예: 해산물, 한식, 일식 등)
	매운 음식	매운 음식을 잘 드시나요?
	특별한 식사	생일이나 기념일 등 특별한 날을 위한 식사를 계획하고 있으신가요?
	식사 예산	한 끼 식사에 얼마 정도 예산을 생각하시나요?

속초에서 2박 3일 동안 조용한 분위기에서 휴식을 취하고 싶어요. 바다가 보이는 숙소에서 푹 쉬고, 아침에는 조용히 산책하고 싶습니다. 저녁에는 해변가에서 맛있는 해산물 요리를 즐기고 싶어요. 괜찮은 숙소를 추천해 줘.

 Google 호텔 ⌄

Gemini가 항상 정확하지는 않습니다. 다음 호텔 세부 사항을 꼭 확인해보세요:
속초 바다가 보이는 숙소: *8월 5일-8월 8일, 2어른*

속초에서 조용한 분위기의 바다가 보이는 숙소를 찾으셨군요. 아래 몇 가지 옵션을 추천해 드릴게요.

- 속초 마리나베이-깔끔한 객실을 갖춘 세련된 호텔로 일부 객실에서는 호수가 보이며 야외 수영장과 레스토랑을 이용할 수 있습니다(1박당 ₩ 121,836)
- 씨크루즈호텔-바다 전망, 라운지, 이벤트 공간, 레스토랑, 커피숍을 갖춘 소박한 호텔입니다(1박당 ₩ 140,955)
- 마레몬스호텔-바다가 보이는 세련된 호텔로, 야외 수영장, 헬스장, 다양한 레스토랑, 정원을 이용할 수 있습니다(1박당 ₩ 164,833)
- 설악 파인리조트-(1박당 ₩ 16,000)
- 월드 스카이 레지던스 호텔-(1박당 ₩ 36,400)

이 외에도 다양한 숙소가 있으니, 원하는 시설이나 가격대를 알려주시면 더 구체적인 추천을 해드릴 수 있습니다.

아침 산책을 하실 때 방문하기 좋은 곳이나 저녁 해변가에서 맛있는 해산물 요리를 즐길 수 있는 곳도 추천해 드릴 수 있으니 말씀해주세요.

자, 이번에는 속초에 있는 평점 높은 횟집을 검색해 보겠습니다.

그럼 속초의 평점 높은 모든 횟집 검색해 줘.

그럼 아래와 같이 지도의 링크와 평점을 알려줍니다. 이전에는 일일이 검색해야 했던 결과를 한 번에 받아 볼 수 있어서 좋습니다. 특히 지도에 직접 식당을 표시해 주니 직관적으로 여행 계획을 짤 수 있어서 너무 좋은 것 같습니다(확대 가능).

≡ ChatGPT

Google 지도 ⌄

네, Google 지도에 표시해 드렸습니다.

완도회식당– 평점: 4.3 Google 지도
송도물회– 평점: 4.3 Google 지도
신유네 회포장– 평점: 4.6 Google 지도
봉포머구리집– 평점: 3.8 Google 지도
민재아빠횟집– 평점: 4.8 Google 지도

어떤 횟집이 마음에 드시나요? 혹시 더 궁금한 점이 있으시면 언제든지 물어보세요.

원하시는 식당의 이름을 클릭하시면 해당 지도가 크게 열립니다.

1. 제미나이를 사용할 때 말로 물어보고 음성으로 들어보세요. 마이크 모양의 아이콘을 누르면 말로 입력할 수 있습니다.(앱과 PC 모두 가능)

2. 프롬프트를 수정하고 싶을 때는 아래처럼 펜 모양을 클릭하세요. 그럼 수정할 수 있습니다.

 출발지는 서울이고 출발시간은 오전 9시 그리고 복귀시간 마지막날 저녁 7시 야. 이것을 적용해서 일정을 표로 작성해 줘. 이동은 자가용으로 하고 꼭 가보고 싶은 곳은 설악산 국립공원 케이블카야.

3. 해외여행도 가능합니다. 구글로 항공편도 검색해볼 수 있으니 한번 시도해보세요.

엄마의 SNS
도전하기

아이고, 이 나이에 무슨 SNS냐 싶었는데, 요즘 들어 뒤처지는 것

같다. 친구들 모임에서 인스타그램 얘기만 나오면 나만 빼고 노는 기분이랄까.

큰애가 "엄마, 친구 엄마 인스타 요리 사진 대박이던데!" 하는 말에 찔렸

다. 나도 요리 좀 한다고 자부했는데...

용기 내서 인스타그램을 깔았다. 근데 이게 웬걸, 계정만 만들어 놓고 어

떻게 해야 할지 모르겠다. 사진 올리기, 글쓰기, 해시태그... 다 뭔 소린지.

'SNS 시작하기'를 검색했는데 정보가 너무 많다. 그러다 챗GPT, 뤼튼 같

은 AI 글쓰기 도구를 발견했다. 이게 뭐지? 써볼까, 말까?

아, 모르겠다. 그냥 일단 폰 던져두고 김치찌개나 끓여야겠다. 근데 그러고

보니, 이 김치찌개, 사진 찍어서 올리면 좋겠는데!

이렇게 고민하다 보니 김치찌개 냄새가 온 집안에 퍼졌다. 큰애가 "와, 엄

마 김치찌개 진짜 맛있겠다!"라고 하는 순간, 아이디어가 떠올랐다.

"얘들아, 엄마 김치찌개 사진 좀 찍어줄래? SNS에 올려볼까 해."

아이들의 눈이 동그래졌다. "엄마가 SNS를? 대박!"

그래, 오늘부터 시작이다. 김치찌개부터 시작해서 내 요리 실력을 세상에

알려주마!

SNS로 핵인싸 엄마되기

가정주부이건 워킹맘이건 요즘은 마케팅 시대입니다. 스스로를 잘 포장해서 어필하고 다른 이들과 네트워킹하는 것이 필수인 시대가 되었습니다. 어떤 이들은 인스타나 블로그가 대박이 나서 글쓰기와 강의로 새로운 인생을 살기도 하고, 어떤 이들은 이런 플랫폼들에 홍보 글쓰기를 잘해서 매출이 급상승하기도 합니다.

군이 이런 사업 관련이 아니더라도 소소하게 SNS(SNS: Social Network Service)를 사용할 수도 있습니다. 자녀들과 SNS로 소통하면 또 다른 재미가 있기 때문입니다. 텍스트 대신 이모지나 스티커로 응원의 메시지를 보내볼 수 있고, 눈앞에서 하기 어려운 잔소리나 함께 보면 좋은 정보성 글들은 링크를 보내줄 수도 있습니다. 자녀에게 좋아요와 팔로워 눌러주시고 댓글로 "사랑한다 ♡♡"을 보내보세요! 사랑받는 엄마가 되실 겁니다.

이렇게 좋은 점들이 많은 SNS, 그러나 첫 시작이 어려우신 분들, 지속하기 어려우신 분들, 요즘 트렌드로 피드(게시글)를 작성하고 싶으신 분들! 이제 챗GPT와 뤼튼으로 도전해 보세요. 군이 누구에게 배울 필요 없이 독학으로도 충분합니다. 인공지능과 함께 도전하세요.

⊘ 대표적인 SNS 플랫폼

인스타그램은 사진과 짧은 동영상을 공유하는 데 특화된 소셜 미디어 플랫폼입니다. 요즘은 일상의 순간들을 예쁘게 꾸며서 올리고, 친구나 가족과 소통하는 데 많이 사용되고 있지요. 특히 게시글에 해시태그(#)를 사용하여 주제어를 입력하면 비슷한 관심사를 가진 사람들과 쉽게 연결될 수 있어서 좋습니다. 또 게시글 이외에 간단히 스토리를 올려볼 수 있는데 이를 통해 일상적

인스타그램

인 순간들을 부담 없이 공개할 수도 있습니다.

또한, 다양한 필터와 편집 도구를 통해 사진을 더 아름답게 꾸밀 수 있게 되어 있습니다. 다른 사람들의 게시물에 '좋아요(♥)'와 댓글을 남기면서 소통하는 재미도 쏠쏠하답니다. 이벤트나 캠페인을 통해 새로운 사람들과도 쉽게 연결되고 인스타그램 라이브 방송을 통해 실시간 팔로워들과 소통할 수도 있습니다. 방구석에서도 월드 스타를 꿈꿔볼 수 있습니다(https://www.instagram.com/).

네이버 블로그는 한국에서 가장 많이 사용되는 블로그 플랫폼 중 하나입니다. 글을 작성하고 사진을 올리며 자신의 생각이나 일상을 공유할 수 있어서 좋습니다. 특히 네이버 검색 엔진과 연동되어 있어서, 많은 사람들이 검색을 통해 블로그를 방문할 수 있습니다. 가정주부, 워킹맘, 사업을 하시는 분들 모두에게 큰 도움이 되는 플랫폼입니다. 거의 필수이지요.

네이버 블로그

블로그를 통해 자신의 전문 지식이나 취미를 공유하면 같은 관심사를 가진 사람들과 소통할 수 있고, 댓글을 통해 방문자들과 직접 소통하면서 친밀감을 쌓을 수 있습니다. 블로그는 꾸준한 업데이트와 관리가 중요하지만, 그만큼 보람도 큽니다. 블로그를 잘 운영하면 협찬이나 광고를 통해 추가 수익(애드센스)을 올릴 수도 있습니다(https://blog.naver.com/).

ⓥ 나를 위한 SNS 선택하기

인스타그램과 블로그 모두 사업 홍보를 하거나 자신의 일상을 공유하는데 매우 훌륭한 플랫폼이지만 둘의 성격은 다음과 같이 좀 차이가 있습니다. 어떤 목적을 가지고 SNS를 하실 건지 먼저 결정한 후에 시작하는 것이 좋습니다. 일단 시작하게 되면 길이 잡힐 수 있고, 중간에 다른 주제로 변경하고 싶은 경우 다른 계정을 만들 수도 있기 때문에 일단 시작하시는 것을 추천해 드립니다.

인스타그램	- 빠른 소통과 시각적인 매력 중심 - 오늘의 일상, 여행 사진, 요리 레시피, 패션 스타일링 팁, 취미 활동
네이버 블로그	- 깊이 있는 정보 공유와 검색 노출 중심 - 자녀 교육 방법, 건강 관리 팁, 가정 경제 관리, DIY 프로젝트, 독서 리뷰

ⓥ SNS 주제, 아이디어 생성하기

그럼 챗GPT를 활용하여 어떻게 인스타그램과 네이버 블로그의 주제 아이디어를 생성할 수 있는지 하나하나 살펴보도록 하겠습니다. 사실 챗GPT나 뤼튼 모두 두 가지 플랫폼의 특성을 이미 탑재하고 있기 때문에 원하시는 주제에 맞게 글을 생성해 주어 그 예시를 보여드릴 수 있습니다. 아래와 같이 프롬프트 해 보도록 하겠습니다.

ⓥ 인스타그램

주제를 생성해 보기 전에 자신의 상황과 강점들을 같이 포함하여 서술하면 보다 맞춤형 답변을 얻을 수가 있습니다.

인스타그램을 시작해 보려고 해. 가정주부이자 초등맘이고, 여행 정보를 잘 아는 사람으로서 어떤 주제를 해보면 좋을지 추천해 줘.

 인스타그램을 시작하려는 가정주부이자 초등맘, 그리고 여행 정보를 잘 아는 분으로서 다음과 같은 주제를 추천해 드립니다.

1. 가족 여행 기록 및 팁
- **소개:** 가족과 함께한 여행지 사진과 여행 중 겪은 에피소드, 여행 준비 팁 등을 공유합니다.
- **내용:** 여행 경로, 추천 장소, 아이들과 함께 즐길 수 있는 활동 등을 소개하며, 가족이 함께 찍은 사진을 많이 포함합니다.
- **해시태그:** #가족여행 #여행팁 #초등맘여행 #가족사진 #여행추천

2. 아이들과 함께하는 실내외 활동
- **소개:** 주말이나 방학 동안 아이들과 함께할 수 있는 다양한 활동과 장소를 소개합니다.
- **내용:** 공원 나들이, 미술관 방문, 과학 체험관, 집에서 할 수 있는 창의적인 놀이 등을 사진과 함께 설명합니다.
- **해시태그:** #아이들과함께 #주말활동 #실내외놀이 #초등맘추천 #가족시간

⊘ 네이버 블로그

네이버 블로그도 다음과 비슷하게 프롬프트 해보시고 주제 힌트를 얻으세요.

네이버 블로그를 해보려고 해. 가정주부 10년 차이고 디자인을 전공했어. 초등학생 자녀 2명을 두고 있어. 살림의 소소한 꿀팁을 많이 알고 있어. 어떤 블로그 주제를 해볼 수 있을지 추천해 줘.

1. DIY 인테리어 & 리폼
- **소개:** 디자인 전공자로서 집안을 아름답게 꾸미는 DIY 인테리어와 가구 리폼 방법을 소개합니다.
- **내용:** 저비용으로 집안을 꾸미는 방법, 오래된 가구를 새롭게 만드는 리폼 아이디어, 계절에 맞는 인테리어 팁 등을 사진과 함께 설명합니다.
- **키워드:** DIY인테리어, 가구리폼, 저비용인테리어, 계절인테리어, 집꾸미기

2. 초등학생 자녀 교육 & 육아 팁
- **소개:** 초등학생 자녀를 위한 교육 방법과 육아 팁을 공유합니다.
- **내용:** 자녀의 학습 계획 세우기, 효과적인 공부 방법, 창의력 키우기 활동, 자녀와 함께하는 놀이 등을 자세히 설명하고 관련 자료를 제공합니다.
- **키워드:** 자녀교육, 초등학생공부, 육아팁, 창의력활동, 자녀놀이

⊙ 인스타그램 글의 구조와 내용 확장하기

인스타그램 글을 챗GPT로 쉽게 작성해 보세요. 하지만 어떤 일이 있었는지, 사진은 어떤 상황인지 정도는 알려주셔야 글쓰기가 가능하답니다. 다음 예시를 살펴보세요. 생성한 결과가 맘에 들었다면 그대로 올려도 되고 좀 더 수정 보완한 다음 복사하여 붙여넣기만 하면 끝입니다. 정말 쉽지요!

(내용)오랜만에 가족들과 하늘공원에 다녀왔어요. 날씨가 너무 좋았어요! 함께 간 댕댕이도 신났어요. (사진)우리 가족 함께 아이스크림 들고 찍은 사진 첨부했어. 위 내용을 바탕으로 인스타그램 게시글을 트렌디하게 써줘. 이때 이모지와 해시태그까지 같이 써줘.

제목: 하늘공원에서의 행복한 하루 🌳

본문: "오랜만에 가족들과 하늘공원에 다녀왔어요. 날씨가 너무 좋았어요! 함께 간 댕댕이도 신났어요. 🐕 우리 가족 모두 아이스크림을 들고 웃으며 찍은 사진이에요. ☺ 이런 날씨에 가족과 함께 보내는 시간은 정말 소중하네요. 모두들 오늘 하루도 행복하게 보내세요! 🖤"

해시태그: #하늘공원 #가족나들이 #행복한순간 #댕댕이와함께 #아이스크림타임 #일상 #가족시간 #맑은날씨

네이버 블로그 글의 구조와 내용 확장하기

네이버 블로그 글도 챗GPT를 사용해서 쉽게 작성해 보고자 합니다. 앞에서 보신 것처럼 블로그 글은 일상생활 나눔보다 정보가 담긴 깊이 있는 글이 어울리는 플랫폼입니다. 따라서 초안을 생성한 다음 글 속에 담긴 정보들이 거짓이나 오류가 없는지 반드시 체크해 보셔야 합니다. 예를 들어, 아침 등굣길에 자녀의 자존감을 살리는 긍정확언 문장들을 생성하고 이를 블로그 글로 바꾸어 보도록 하겠습니다. 프롬프트에는 반드시 어떤 플랫폼에 어떤 내용을 누구에게 전달할지 명시하는 것이 좋습니다.

네이버 블로그에서 초등학생 자녀를 둔 부모님들에게 아침 등곳길에 자녀의 자존감을 살리는 긍정 확언 문장을 전달하는 글을 작성해 주세요.

제목: 자녀의 자존감을 높이는 아침 등곳길 긍정 확언 문장
본문: 안녕하세요, 여러분! 오늘은 초등학생 자녀를 둔 부모님들을 위해 자녀의 자존감을 높이는 긍정 확언 문장들을 소개해 드리려고 합니다.

(중략)

"너는 정말 특별한 아이야."
자녀가 자신의 특별함을 느끼도록 도와줍니다.
"오늘도 멋진 하루가 될 거야."
긍정적인 하루를 기대하게 만듭니다.

(중략)

아침 등곳길에 자녀와 함께 걸으면서, 또는 차 안에서 이 문장들을 자연스럽게 이야기해 보세요. 처음에는 어색할 수 있지만, 자주 사용하다 보면 자녀가 부모님의 긍정적인 메시지를 자연스럽게 받아들일 수 있게 됩니다.
또한, 자녀의 상황에 맞게 문장을 변형하거나 추가해도 좋습니다. 중요한 것은 자녀에게 긍정적인 메시지를 지속적으로 전달하는 것입니다.

(중략)

여러분의 자녀가 자신감을 가지고 하루를 시작할 수 있도록 함께 응원합니다!
해시태그
#자녀교육 #긍정확언 #자존감 #부모팁 #아침등곳길 #초등학생

또 이미지를 같이 올리면 조회 수를 높이기 더 쉽습니다. 앞서 배웠던 AskUP을 사용하면 이미지를 생성해 볼 수 있습니다. 이때, 중요한 것은 이미지를 묘사하지 마시고 맥락을 간단히 설명하시거나, 본문 내용을 다 넣으시고 이와 관련된 이미지를 생성해달라고 하면 본문 글에 맞는 이미지를 얻을 수 있습니다.

≡ ChatGPT ✏️ ⋮

자녀의 자존감을 높이는 아침 등굣길 긍정 확언 문장 블로그 글과 관련된 이미지를 생성해 줘.

생성한 이미지가 마음에 드시나요? 그렇지 않다면 다시 생성하시면 됩니다. 이렇게 블로그의 제목과 본문, 해시태그 그리고 이미지까지 생성하시면 블로그 첫 게시물 올리기 준비가 완료되는 것입니다. 어떤가요? 인공지능과 함께하는 SNS 시작 어렵지 않으셨죠? 어머님의 슬기로운 SNS 생활을 응원합니다.

꿀팁 유의 사항

- 챗GPT 유료 버전을 사용하시는 경우 이미지 생성까지 해볼 수 있어요. 어떤 유형의 이미지들이 있는지는 다음 장에서 배워보도록 해요.
- 인스타그램을 하시다가 맘에 드시는 글의 유형이 있다면 복사해서 이런 식으로 작성해 달라고 해보세요. 내용은 다르지만, 글의 형식은 요청한 대로 작성을 해준답니다.
- 블로그의 글은 정보성이 깊어야 합니다. 반드시 생성한 초안을 다듬는 습관을 들이시고 자신의 노하우를 충분히 녹여서 글을 쓰도록 하세요.

내가 원하는
이미지 생성하기

오늘 카페에서 본 그림 하나에 완전히 홀렸다. 우주복 입은 강아지가 달에서 춤추는 모습이 너무 귀여워서 눈을 뗄 수가 없었는데, 'AI 생성 이미지'라니! 세상에, 이런 것도 가능하다고? 집에 와서도 그 그림 생각뿐이었다. 우리 집 거실에 걸어두면 얼마나 좋을까? 아이들도 좋아하겠지?

용기 내서 인터넷에 'AI 이미지 생성'을 검색해 봤다. 아숙업, 미드저니, 달리... 이름부터 뭔가 있어 보이는 프로그램들이 줄줄이 나왔다. 일단 무료인 걸로 골랐다. 떨리는 손으로 입력 창에 타이핑을 했다.

"달 표면 위에서 우주복 입은 귀여운 강아지가 즐겁게 춤추는 모습. 별이 반짝이는 우주를 배경으로."

'생성' 버튼을 누르고 기다리는 동안 심장이 쿵쾅거렸다. 그리고...

와! 정말 내가 상상한 그대로 이미지가 만들어졌다!

너무 신이 나서 남편한테 자랑하고 친구들 단톡방에도 올렸다. 다들 엄청 좋아하더니 갑자기 이것저것 주문 폭탄이 날아왔다.

"나는 고양이로 해줘!", "우리 애 생일 초대장 만들어줘!"

어... 이걸 어떻게 하지? 사실 나도 우연히 성공한 거라 다른 건 자신이 없는데...

갑자기 한 친구가 "다음 주에 다 같이 모여서 배워볼까?"라고 제안했다. 으악, 이건 또 뭔 소리야? 난 그냥 혼자 조용히 해보고 싶었을 뿐인데...

이제 어쩌지? 모른 척하기엔 너무 늦었고... 도와줘요~ 이 상황을 어떻게 빠져나가야 할지 모르겠어요!

인공지능으로 이미지 생성하기

디지털 초보맘에서 아숙업(AskUP)을 통해서 간단히 이미지를 만들어 본 것 기억이 나시나요? 그런데 똑같이 '달리는 강아지'를 만들어 달라고 했을 때 어떤 때는 실사 이미지로 만들어 주기도 하고 어떤 때는 만화 식으로 표현이 되어서 불편한 점은 없었나요? 이번 시간에는 내가 원하는 이미지를 생성해 볼 수 있도록 하는 방법에 대해서 알아보겠습니다.

이미지를 생성할 때는 스타일, 세부 묘사 수준, 색상 및 분위기, 배경 및 구성 등을 고려해 볼 수 있습니다. 본문에서 이런 요소들을 어떻게 입력해야하는지 하나하나 도움을 드리겠습니다. 슈퍼맘 정도 되시니 포기하지 마시고 하나하나 잘 따라 오셔서 인공지능 디자이너가 되어 보세요.

참! 이미지를 생성하는 데 맘에 들지 않으면 다시 해달라고 요청하세요.

실패를 많이 해볼수록 잘하게 된다는 것을 잊지마세요!

ⓥ 실제 사진과 인공지능 생성 이미지 비교하기

다양한 사람들의 이미지를 보여드릴게요. 이 중에는 실제 사진도 있고, 인공지능으로 생성한 이미지도 있습니다. 어떤 사진이 실제 사진인지 맞춰보세요.

①	②	③

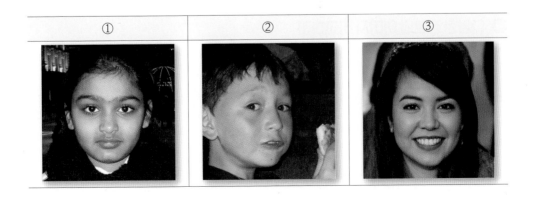

정답을 찾으셨나요? 생각보다 쉽지 않지요. 이 이미지들은 워싱턴대학에서 개발한 https://www.whichfaceisreal.com/입니다. 오른쪽 QR 코드를 스캔하시면 직접 해 볼수 있습니다.

실제 사진들은 ①, ②, ⑤번입니다.

◎ 다양한 장르의 이미지 비교하기

'꽃을 들고 있는 소녀'를 프롬프트로 입력하고, 다양한 장르의 이미지들을 생성해 보았습니다. 한 번 살펴보세요.

3D 크리스탈 (3D Render Crystal)	수채화 (Watercolor)
모자이크 (Mosaic Art)	치비 스타일 (Chibi Anime-Style)
픽셀 아트 (Pixel Art)	스케치 (Pencil Sketch)
스테인드 글라스 (Stained Glass)	콜라주 (Collage)

위의 이미지들은 챗GPT에서 생성해 보았습니다. 챗GPT는 무료로 사용하시면 이미지 생성이 원활하지 않을 수 있어요. 하지만 뒷 부분에서 이미지를 무료로 생성해 볼 수 있

는 여러 사이트들을 소개해 드리겠습니다.

🔽 내가 원하는 이미지 생성하기

16가지의 이미지 유형을 소개해 드렸습니다. 어떤 이미지가 마음에 드시나요? 또 어떤 이미지가 지금 필요하신가요? 실패 없는 이미지 생성, 그리고 내가 원하는 분위기와 종류의 이미지를 생성하기 위해서는 아래와 같은 방법을 따르시면 됩니다. 먼저 이미지를 살펴보시고 끌리는 이미지를 도전해 보세요.

① (필수) 이미지에 포함될 핵심 장면 묘사
② (선택) 세부적인 설명
③ (선택) 전체적인 분위기나 색감
④ (필수) 원하는 이미지 스타일

① 비 오는 도시의 밤거리에서 우산을 든 고양이.
② 고양이는 레인코트를 입고 있으며, 주변에는 네온사인이 빛나고 있다.
③ 몽환적이고 아름다운 분위기.
④ 잉크 워시(Ink wash) 스타일로 그려줘.

① 숲속 비밀 정원에서 책을 읽는 요정.
② 요정 주변에는 반딧불이가 날아다니고, 거대한 버섯이 우산처럼 펼쳐져 있다.
③ 신비롭고 따뜻한 분위기.
④ 점묘화(Pointillism) 스타일로 그려줘.

① 산 정상에서 일출을 바라보는 등산객.
② 등산객의 그림자가 길게 뻗어있고, 멀리 구름 너머로 태양이 떠오르고 있다.
③ 장엄하고 고요한 분위기.
④ 파스텔화(Pastel drawing) 스타일로 그려줘.

① 꽃밭에서 나비와 놀고 있는 아기 공룡.
② 아기 공룡은 분홍색이며, 머리에 꽃관을 쓰고 있다.
③ 귀엽고 평화로운 분위기.
④ 펠트 아트(Felt art) 스타일로 그려줘.

ⓥ 이미지 생성 사이트 알아보기

소개해 드릴 이미지 생성 사이트들은 모두 무료로 사용할 수 있습니다. 다만, 무제한 사용이 아니라 하루에 몇 건으로 제한되어 있습니다. 같은 프롬프트를 사용하여 각 사이트에서 이미지를 생성해보겠습니다. 영어로만 인식하는 인공지능(playground.com)의 경우에는 영어로 프롬프트를 입력합니다. 참고로 영어로 입력 시 결과가 더 좋습니다. 각 이미지를 비교해 보시고, 여러분의 취향과 목적에 가장 잘 맞는 것을 선택해 보세요.

공통 프롬프트 (우리말)	① 눈 내리는 겨울 숲에서 썰매를 타는 북극여우. ② 여우는 목도리를 두르고 있으며, 주변에 크리스마스 장식이 걸려있다. ③ 포근하고 축제 같은 분위기. ④ 종이 공예(Paper craft) 스타일로 그려줘. ⑤ 이미지 비율은 16:9
공통 프롬프트 (영어)	① A polar fox riding a sled in a snowy winter forest. ② The fox is wearing a scarf, and Christmas decorations are hanging around. ③ A cozy and festive atmosphere. ④ Draw in paper craft style. ⑤ Image aspect ratio 16:9

가. 코파일럿

주소	https://copilot.microsoft.com/
강점	• GPT-4 기반의 강력한 자연어 처리 능력 • Microsoft 생태계와의 높은 호환성 • 텍스트 및 이미지 생성 모두 가능
약점	• 일일 사용량 제한이 있음 • 이미지 생성 품질이 다른 전문 도구에 비해 다소 떨어질 수 있음(장르 및 비율 적용 안됨)

★★☆☆

나. 플레이그라운드

주소	https://playground.com/
강점	• 다양한 AI 모델 실험 가능 • 사용자 친화적 인터페이스
약점	• 전문적인 이미지 생성에는 한계가 있을 수 있음 • 일일 사용량 제한, 영문 프롬프트만 가능

★★★☆

다. 이디오그램

주소	https://ideogram.ai/
강점	• 텍스트를 이미지로 변환하는 데 특화됨 • 높은 품질의 이미지 생성 가능
약점	• 다른 AI 기능(예: 텍스트 생성)은 제한적 • 일일 사용량 제한

★★★★☆

라. 레오나르도

주소	https://app.leonardo.ai/
강점	• 고품질 이미지 생성에 특화됨 • 다양한 스타일과 옵션 제공
약점	• 처음 사용할 때는 인터페이스나 기능을 이해하는 데 시간이 필요함 • 무료 버전의 기능이 제한적일 수 있음

★★★☆☆

유의
사항

AI로 만든 이미지의 저작권은 아직 명확하지 않습니다(2024년 10월 기준). 하지만 이렇게 하면 대부분 안전합니다.

- AI 서비스를 통해 여러분이 만든 이미지는 2차 가공하여 사용이 가능합니다. 다만, 상업적으로 쓰려면 꼭 서비스의 규칙을 확인하세요.
- 중요한 일에 쓸 때는 조심해야 합니다. AI가 배운 원래 이미지 때문에 문제가 생길 수 있습니다. 출품하거나 판매할 때는 항상 검토가 필요합니다.
- 가능하면 AI가 만든 이미지를 조금 바꿔서 쓰는 게 좋아요.
- 어떤 AI로 만들었는지 밝히면 더 안전해요.
- 필요한 경우 전문가에게 물어보는 것도 좋아요!

　　Midjourney.com이라는 유료 이미지 생성 인공지능을 소개합니다. 별점으로 하면 5점 만점에 5점의 퀄리티를 가지고 있습니다. 다만 유료로만 사용해 볼 수 있어요. 정말 높은 수준의 이미지를 원하신다면 미드저니를 구독해 보세요(출처 대신 QR코드를 넣었습니다. 스마트폰으로 스캔해 보세요).

인공지능 이미지 콘텐츠들이 다양하게 만들어지고 있습니다. 예쁘고 아기자기한 이미지들은 손거울이나 폰 케이스에 사용되고 있고, 사람 모델 대신 인공지능으로 패션모델을 만들어서 잡지를 만들기도 해요. 우리 집에 놓을 만한 굿즈들은 무엇이 있을까요?

출처: https://polarishare.com/

Canva.com의 목업(Mockups) 기능으로 만들어본 다양한 리빙 굿즈

쇼펜하우어와
고민 상담하기

오늘 카페에서 우연히 본 책에서 쇼펜하우어의 글귀 하나가 눈에 들어왔다.

"많이 웃는 자가 행복하고, 많이 우는 자는 불행하다."

이 말을 읽는 순간, 가슴이 울렸다. 그러고 보니 요즘 우리 집에서 가장 많이 웃는 건... 강아지였다. 아, 우리 가족 모두 강아지보다 행복해져야 하는데!

문득 이런 생각이 들었다. 이 무뚝뚝해 보이는 쇼펜하우어 철학 아저씨와 자녀 양육 상담을 해보면 어떨까? 요즘 유명한 오OO, 조OO 육아 전문가들은 만나기가 하늘의 별 따기인데... 그러다 얼마 전 친구가 말했던 AI 상담이 생각났다. 쇼펜하우어의 지혜를 담은 AI라... 실제 쇼펜하우어는 아니지만, 그의 사상을 바탕으로 내 고민을 들어줄 수 있다면? 최소한 우리 강아지보다는 나을 거야.

호기심에 휴대폰을 꺼내 검색해 보니 정말로 '쇼펜하우어 AI 상담'이라는 게 있었다. 잠시 망설이다 용기를 내어 시작 버튼을 눌렀다.

"안녕하세요, 쇼펜하우어님. 아이를 키우면서 자주 화가 나고 지치는데, 어떻게 하면 좋을까요? 참, 그리고 우리 강아지보다 제가 더 행복해지고 싶어요."

질문을 입력하고 생성 버튼 위에 손가락을 올린 다음 살짝 머뭇거린다. 과연 어떤 대답이 올까? "당신의 인생이 왜 힘들지 않아야 한다고 생각하십니까?"라고 하면서 강아지 산책이나 더 하라고 할까? 아니면 "하고 싶고 할 수 있는 것에 집중하라"면서 아이 대신 강아지나 키우라고 할까?

이윽고 생성 버튼을 누른다. 이제 답변을 기다리기만 하면 된다. 어쩌면 이 대화가 내 육아에 새로운 시각을 제시해 줄지도 모른다. 설마 '개껌을 사서 아이와 함께 씹어보세요'라고 하진 않겠지? 긴장 반 기대 반으로 화면을 바라본다.

엄마의 고민 상담을 쇼펜하우어와 함께

요즘 서점가에서는 쇼펜하우어의 책이 트렌드입니다. 쇼펜하우어의 철학은 현대 사회의 불안정성과 삶의 의미에 대한 고찰과 함께 많은 공감을 끌어내는 것으로 유명합니다. 요즘같이 팍팍한 사회에서 누구 하나 의지할 곳 없이 쓸쓸한 세상에 쇼펜하우어의 철학은 많은 사람들에게 위로가 되고 있습니다.

그런데 막상 현실로 돌아오면 어떤가요? 독서는커녕 하루하루 바쁜 나날이 이어집니다. 오늘은 이렇게 바쁘게 열심히 사시는 어머니들을 위한, 쉽고 자상하고 오로지 내 편인 인공지능 쇼펜하우어를 소개해 드리려고 합니다.

인공지능 쇼펜하우어 원리는 간단합니다. 쇼펜하우어가 쓴 책들은 이미 퍼블릭 도메인(Public Domain)으로 되어 있습니다. 퍼블릭 도메인이란 저작권 보호기간이 만료되어 더 이상 저작권이 적용되지 않는 다양한 종류의 자료들을 말합니다. 저작권이 없는 이런 좋은 자료들을 챗GPT에 챗봇 형태로 담아서 활용하는 것이지요.

물론 쇼펜하우어뿐만 아닙니다. 이런 식으로 만들어진 많은 GPTs들이 이미 GPTs에 올려져 있습니다. 어떤 철학이나 종교, 사상의 관점에서 답변을 듣고 싶다면 챗GPT 탐색에서 찾아보시길 바랍니다. 처음만 어렵습니다. 그다음은 쉽습니다. 어머니들의 처음을 응원합니다.

ⓥ 쇼펜하우어를 만날 수 있는 곳

우리가 만나볼 쇼펜하우어는 GPTs라는 챗봇으로 만들어져 있습니다. GPTs는 무엇이고, 챗봇은 무엇일까요? 먼저 디지털 초보맘에서 말씀드렸던 챗GPT를 떠올려보세요. 맞습니다. 챗GPT는 사람들에게 가장 널리 알려진 생성형 인공지능이지요. GPTs는 그 챗GPT 안에 있는 미니 인공지능을 말한답니다.

GPTs는 어떤 특정한 주제에 대해서 바로 쓸 수 있도록 미리 세팅되어 있는 작은 AI챗봇이라고 생각하시면 됩니다. 쇼펜하우어 GPTs도 쇼펜하우어가 쓴 책 중 몇 권을 지식으로 탑재시켜서 만든 챗봇입니다. 그러니까 마치 쇼펜하우어가 이야기하듯 답변을 듣게 되는 것입니다. 이 GPTs를 이용해서 우리는 쇼펜하우어라는 유명한 철학자와 대화를 나눌 수 있게 된 것이지요.

이 '쇼펜하우어 GPTs'는 실제 쇼펜하우어는 아니지만, 그의 책과 사상을 모두 배운 AI가 마치 쇼펜하우어인 것처럼 대답해 줍니다. 200년 전에 살았던 철학자를 이렇게 생생하게 만날 수 있는 것이 참 꿈만 같습니다.

여러분이 평소에 고민하는 것들, 예를 들어 육아나 일상의 스트레스 같은 걸 물어보면, 쇼펜하우어의 관점에서 조언해 줍니다. 어려운 철학 책을 직접 읽지 않아도, 대화하듯 쉽게 철학적인 조언을 들을 수 있습니다.

참! 이쯤에서 쇼펜하우어가 누구인지 간단히 짚고 넘어가도록 할까요? 요즘 이 분의 철학이 인스타그램에서 많이 회자되고 있는데 토막 퀴즈로 풀어보도록 할게요! 아래 보기 중 틀린 설명을 골라보세요.

쇼펜하우어

☐ ① 독일 사람이에요.
☐ ② '인생은 고통이다'라고 말했어요.
☐ ③ 예술을 통해 마음의 평화를 찾을 수 있다고 했어요.
☐ ④ '항상 긍정적으로 생각하면 모든 게 잘될 거야'라고 말했어요.
☐ ⑤ 그의 생각은 요즘 사람들의 고민과 잘 맞아요.

쇼펜하우어(1788~1860)의 철학은 매우 비관적이었습니다. 그는 인생이 본질적으로 고통이며, 단순히 긍정적으로 생각한다고 해서 모든 것이 해결되지 않는다고 보았어요. 그래서 정답은 4번입니다! 단순히 긍정적으로 생각하라고 말하지 않았답니다.

나머지 4개 문장은 모두 쇼펜하우어와 그의 철학에 대해 맞는 설명입니다. 그는 독일 사람이었고, 인생을 고통으로 보았으며, 예술을 통해 일시적인 위안을 찾을 수 있다고 했습니다. 또한 그의 철학은 현대인의 고민과 잘 맞아 지금도 많은 사람들에게 공감을 얻고 있죠.

⊗ GPTs에서 쇼펜하우어 만나기

챗GPT를 시작하려면 먼저 가입이 필요합니다. 가입 방법은 디지털 초보맘 과정에서 자세히 다뤘으니 그 내용을 참고해 주세요. GPTs 사용에 대해 몇 가지 알아둘 점이 있습니다.

무료 사용자도 GPTs를 체험해 볼 수 있어요. 다만 메시지 사용에 제한이 있어서, 한도(횟수와 비슷한 개념)에 도달하면 잠시 동안 사용이 중단됩니다.

GPTs를 직접 만드는 것은 유료 사용자의 특권이지만, 무료 사용자도 다른 사람이 만든 GPTs를 사용할 수 있습니다. 웹 브라우징, 데이터 분석, 파일 업로드 같은 기능도 무료로 이용 가능하지만, 사용량에 더 엄격한 제한이 있다는 점을 기억해 주세요. 이렇게 무료 버전에도 다양한 기능이 제공되지만, 보다 풍부한 경험을 원한다면 유료 버전을 고려해 보는 것도 좋겠죠. 각자의 필요에 맞게 선택하시면 됩니다.

	주소	https://chatgpt.com/gpts
	경로	챗GPT 첫 화면에서 왼쪽 사이드 메뉴 중 GPT탐색 (Explore GPTs) 클릭

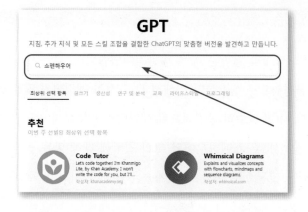

위의 이미지와 같이 검색창에 한글로 '쇼펜하우어'라고 검색하면 다음과 같은 검색 결과가 나옵니다. 정말 많지요? 이 중에서 제목과 설명, 그리고 대화 생성 횟수를 보고 선택하시면 됩니다(숫자 뒤 K는 1,000단위를 의미).

이 중에 '쇼펜하우어에게 물어보는 엄마의 말 공부'를 클릭해 보세요. 필자가 만든 GPTs입니다. 보다 좋은 GPTs들이 있지만 저작권상 이것을 기준으로 안내드림을 양해해 주세요.

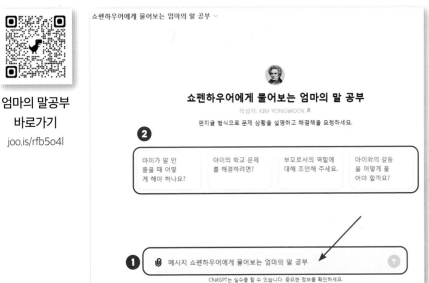

엄마의 말공부
바로가기
joo.is/rfb5o4l

①번 프롬프트 창에 ②번과 같은 문제상황과 요청하는 말을 넣어보세요. 그럼 자녀의 문제에 대한 상담 답변을 받을 수가 있습니다.

쇼펜하우어에게 질문하는 요령은 아래와 같습니다.

 ChatGPT

> 쇼펜하우어! 아이의 재능을 억지로 끌어내는 것이 폭력일까요, 사랑일까요?

존경하는 어머님께,
아이의 재능을 발견하고 발전시키고자 하는 어머님의 고민에 깊이 공감합니다. 아이의 잠재력을 최대한 끌어내고자 하는 것은 사랑의 표현일 수 있지만, 그 방법이 중요합니다.
아이의 재능을 억지로 끌어내는 것은 아이에게 부담과 스트레스를 줄 수 있으며, 이는 심리적인 폭력으로 작용할 수 있습니다. 쇼펜하우어는 인간의 자연스러운 성향과 의지의 중요성을 강조하였습니다. 따라서 아이가 자율적으로 자신의 재능을 발견하고 발전시킬 수 있도록 도와주는 것이 더 바람직합니다.
아이에게 필요한 것은 강압적인 훈육보다는 격려와 지지입니다. 아이가 자신이 무엇을 좋아하고 잘하는지를 스스로 탐색할 수 있도록 다양한 경험을 제공해 주세요. 또한, 아이의 의견과 감정을 존중하며 그들의 속도에 맞추어 주는 것이 중요합니다. 강압적으로 접근할 경우, 아이는 재능 계발에 대한 흥미를 잃고, 반발심을 가질 수도 있습니다.
따라서, **아이에게 충분한 자율성을 주고, 그들이 스스로의 재능을 발견하고 발전시킬 수 있도록 지지와 격려를 보내주세요.** 어머님의 따뜻한 관심과 사랑이 아이의 성장에 큰 힘이 될 것입니다.

진심을 담아, 쇼펜하우어 드림

또 다른 예시를 보여드리겠습니다.

 ChatGPT ✏️ ⋮

> 아이가 학교 폭력 피해자입니다. 쇼펜하우어의 철학으로 이 상황을 어떻게 해석하고 대처해야 할까요?

존경하는 어머님께,

아이의 학교 폭력 피해로 인해 큰 고통을 겪고 계실 것을 생각하니 마음이 아픕니다. 쇼펜하우어의 철학을 통해 이 상황을 해석하고 대처하는 방법을 말씀드리겠습니다. 쇼펜하우어는 인간의 삶이 고통과 고뇌로 가득 차 있으며, 이를 피할 수 없다고 말합니다. 그러나 그는 또한 고통을 통해 우리는 더 깊은 통찰을 얻고, 자아를 성찰하게 된다고 믿습니다. 아이의 고통 역시 이러한 성찰의 과정으로 볼 수 있습니다.

1. 고통의 인정과 이해
아이에게 일어난 폭력을 인정하고, 그 고통을 이해하는 것이 중요합니다. 아이에게 그의 감정과 경험을 표현할 수 있는 안전한 공간을 제공해 주세요. 아이가 자신의 감정을 솔직하게 털어놓을 수 있도록 도와주세요.

(중략)

5. 예방과 교육
폭력의 원인과 결과에 대해 아이와 함께 논의하고, 이를 예방하기 위한 교육을 진행하세요. 쇼펜하우어는 교육을 통해 인간의 본성을 이해하고, 개선할 수 있다고 보았습니다.

어머님의 따뜻한 관심과 사랑이 아이에게 큰 힘이 될 것입니다. 이 문제를 통해 아이가 더 성숙하고 강한 사람으로 자라기를 진심으로 바랍니다.

진심을 담아,
쇼펜하우어 드림

이 밖에도 어머님이 질문으로 넣어볼 수 있는 예시문을 제안해 드립니다. 이것을 참고하셔서 어머님이 필요한 문장을 만들어 보세요.

"내 아이가 항상 최고가 되길 바라는 마음, 이기적인 걸까요?"

"아이의 욕망을 모두 채워주는 것이 과연 옳은 일일까요?"

"아이에게 '인생은 고통'이라고 가르쳐야 할까요, 아니면 희망을 줘야 할까요?"

"내 아이가 남들과 다르다는 이유로 왕따를 당합니다. 어떻게 해야 할까요?"

"아이에게 경쟁사회의 현실을 알려줘야 할까요, 아니면 보호해야 할까요?"

"내 아이가 세상을 비관적으로 보기 시작했어요. 이대로 괜찮을까요?"

"아이의 행복을 위해 부모의 욕심을 버려야 할까요?"

"아이에게 솔직히 말해야 할까요? '너의 재능은 평범해'"

"아이가 '살기 싫다'고 합니다. 쇼펜하우어라면 뭐라고 대답할까요?"

"아이가 학교에서 성적 스트레스로 우울해합니다. 쇼펜하우어라면 어떤 조언을 해줄까요?"

"반에서 1등만 칭찬받는 현실에 아이가 좌절합니다. 쇼펜하우어의 관점에서 어떻게 위로해야 할까요?"

"아이가 학교 폭력 피해자입니다. 쇼펜하우어의 철학으로 이 상황을 어떻게 해석하고 대처해야 할까요?"

"아이가 공부 대신 예술에 몰두하려 합니다. 쇼펜하우어라면 이를 어떻게 볼까요?"

"친구들과 어울리지 못하고 혼자 지내는 아이, 쇼펜하우어식 조언은 무엇일까요?"

"학교에서 배우는 지식이 무의미하다고 말하는 아이에게 쇼펜하우어는 뭐라고 말할까요?"

"입시 경쟁에 지친 아이에게 쇼펜하우어의 철학을 어떻게 적용할 수 있을까요?"

"학교 규율을 따르기 싫어하는 아이, 쇼펜하우어라면 어떻게 설득할까요?"

"친구들의 SNS를 보며 열등감에 시달리는 아이, 쇼펜하우어식 해결책은?"

쇼펜하우어가 혜안이라고 무조건 맹신하는 것은 아닙니다. 하지만 이런 상담은 가정과 자녀, 개인의 문제를 한 발짝 뒤로 물러서서 객관화할 수 있다는 매우 큰 장점이 있습니다. 한 템포 쉬면서 감정을 누그러뜨리고 보다 발전적인 시각으로 문제를 새롭게 볼 수 있게 되므로 문제를 생각보다 쉽게 해결할 수도 있습니다.

⊙ GPTs에서 유용한 '핫 키워드' 넣기

GPTs는 앞에서 설명해 드린 것처럼 특정한 주제에 대한 기본 지식을 넣어서 만든 작은 챗봇으로 그 주제에 매우 특화되어 있습니다. 그래서 챗GPT에 상황이나 맥락을 넣을 필요도 없고, 긴 설명 없이도 바로 원하는 답변을 얻을 수 있어요. 여러분의 고민이나 궁금증에 맞는 GPTs를 찾아 대화를 나누면 됩니다.

유용한 핫 키워드들을 넣어드릴 테니 넣어보시고 좋은 GPTs를 찾아보시기 바랍니다. 특히 육아와 교육, 상담 관련 키워드를 중심으로 소개합니다. 한국어보다는 영어의 자료 개수가 훨씬 많습니다. 영어 자료를 선택하시고 한국어로 번역하여 활용하시면 좋습니다.

Parenting Expert (육아 박사)

Child Psychology (아동 심리)

Family Therapist (가족 치료사)

Learning Disabilities Specialist (학습 장애 전문가)

Positive Discipline (긍정적 훈육)

Teenage Counseling (청소년 상담)

Early Childhood Education (유아 교육)

Special Needs Education (특수 교육)

School Bullying Prevention (학교 폭력 예방)

Study Skills Coach (학습 기술 코치)

Emotional Intelligence for Kids (아동 감성 지능)

Montessori Method (몬테소리 교육법)

Gifted Child Education (영재 교육)

Stress Management for Students (학생 스트레스 관리)

이런 키워드들을 GPTs 검색창에 입력해 보세요. 여러분의 구체적인 상황에 맞는 전문적인 조언을 제공하는 GPTs를 만날 수 있을 거예요. 필요에 따라 한글이나 영어로 검색해 보시고, 가장 도움이 되는 GPTs를 찾아 활용해 보세요.

ⓥ GPTs 사용 시 주의사항과 한계점

인공지능 기술이 발전하면서 GPTs 같은 똑똑한 대화 프로그램을 우리 일상에서 쉽게 쓸 수 있게 되었습니다. 이런 프로그램으로 정보를 쉽게 찾고 나눌 수 있게 된 건 정말 대단한 발전이에요. 하지만 이걸 사용하기 전에 꼭 알아둬야 할 점들이 있답니다.

첫째, 인공지능의 조언은 참고만 하세요. AI는 많은 정보를 바탕으로 대답하지만, 실제 전문가의 경험과 직감을 완전히 대신할 순 없답니다. 특히 의료, 법률, 교육 같은 전문 분야는 꼭 그 분야 전문가의 의견을 들어야 합니다.

둘째, 개인정보를 지키는 데 특히 주의해야 합니다. AI 프로그램이 정보를 처리하다 실수로 개인정보가 새어 나갈 수 있거든요. 그래서 중요한 개인정보는 가능하면 AI에 알려주지 않는 게 좋습니다.

셋째, 윤리나 법과 관련된 문제는 AI의 대답을 참고만 하고, 꼭 그 분야 전문가와 상담해야 합니다. AI는 이런 복잡한 문제를 판단하는 데 한계가 있어서 사람의 판단 (휴먼터칭, Human Touching)이 꼭 필요합니다.

마지막으로, 인공지능과 대화하는 걸 너무 맹신하며 좋아하지 않도록 조심합니다. AI는 유용한 도구지만, 사람의 생각하는 능력을 대신할 순 없습니다. 너무 많이 의존하면 오히려 아이들이 스스로 생각하는 능력을 키우기 어려울 수 있게 됩니다. 이런 점들을 잘 기억하고 사용하면, 인공지능은 아이들의 지식과 능력을 키워주는 좋은 도구가 될 것입니다.

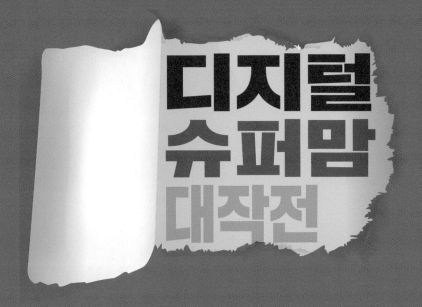

디지털 슈퍼맘을 위한 디지털 문해력 쌓아 올리기

1. 생성형 AI 시대에 문해력이 왜 필요할까요?

한없이 어린 애로만 보이는 집의 아들과 딸은 사회에 나가고 벌써 결혼을 앞두고 있습니다. 어린 시절에 읽기, 말하기, 듣기, 쓰기 중 어느 것이 중요하고, 어떻게, 무엇을 가르쳐야 하는지에 대한 학습된 지식이나 정보가 없었습니다. 있다면 겨우 이웃집 나이 또래의 부모와 인터넷을 검색하는 게 전부였습니다. 그렇게 고민하고 알아보는 사이에 그들은 10대의 초등학교, 중학교

를 졸업해서 이제 성인이 되었습니다. 어떻게 성장시키면 사회에서도 잘하는 아이로 키울 수 있을까요? 일본에서 "로봇은 도쿄 대학에 들어갈 수 있는가?"라는 흥미로운 프로젝트가 진행되었습니다. 이는 인공지능의 가능성과 한계를 실험하고 그 답을 찾기 위해서였습니다. 인공지능인 "도로보군"이 도쿄 대학에 합격하는 것을 목표로 개발되어 각 시험과목을 공략하며 수험생들과 경쟁했던 적이 있습니다. 이 실험을 통솔한 사람은 수학자이면서 인공지능 개발 과정에 직접 관여한 아라이 노리코 교수입니다. 노리코 교수는 계산력과 암산 능력에서 인간이 인공지능을 뛰어넘을 수 없다면, 과연 인간은 무엇을 심화해야 할지를 연구했습니다. 2011년에 실시한 실험인 도쿄 대학 모의시험에서 6문제 중 4문제를 정확히 맞혔습니다. 그때 당시 AI가 앞으로 수많은 화이트칼라의 일자리를 빼앗을 것이라는 그녀의 예측이 현실이 되는 순간이었습니다.

'전국 독해력 조사를 통해 드러난 충격적인 현실' 속에서 일본 중고등학생의 독해력 부족이 두드러졌습니다. 이 분석의 결과, 주입식 입시 교육으로 대표되는 현 교육의 문제점이 지적되었습니다. 교육의 목적은 단순한 암기와 시험 성적이 아니라, 사고력과 문제 해결 능력을 기르는 데 있다는 사실이 밝혀졌습니다.

그 당시 노리코 교수는 중등교육 전문가도 아니었고 교육행정 전문가도 아니었지만, 도로보군의 실험을 통해 명확해진 AI의 실태와 중고등학교 학생의 독해력 실태를 널리 알리는 것이 그녀의 사명임을 깨달았습니다. 예를 들면, 스마트폰의 자동완성 기능이나 AI를 통해 주요 키워드로 문장을 생성하면 전문가 이상의 글이나 문장을 완성해 주는 획기적인 기술들이 있지만, 이는 인간의 고유한 창의성과 비판적 사고를 대체할 수 없습니다.

AI와 공존하는 사회에서 사람들은 AI가 못하는 일을 할 수 있는 인간만의 고유한 '독해력'과 '판단력'을 갖추어야 합니다. 앞으로 사람들은 AI가 할 수 없는 일을 할 수 있는 능력을 길러야 생존할 수 있습니다. 과거 수학자인 후지와라 마사히코도 학교 교육에 필요한 것은 '첫째 국어, 둘째도 국어, 셋째와 넷째는 놀이이며 다섯째가 비로소 산수'라고 말했습니다. 학교 교육 현장에서 시험 출제자의 의도를 이해하지 못해 문제에 접근조차 못하기 때문입니다.

'놀이'는 손과 발 등 몸을 움직이며 기구에 의존하지 않는 놀이를 의미합니다. 흥미로운 것은 일본에서 자랑하는 급식당번이나 청소 당번 등 단체 활동도 이에 포함된다는 것입니다. 노리코 교수도 이에 전적으로 동의합니다. 이처럼 교육은 놀이를 통해 협동심과 책임감을 기르는 것이 중요합니다.

앞으로의 사회는 대학을 졸업했는가가 아니라 교과서를 이해할 수 있는가에 따라 사회생활이 가능한지를 판가름할 것입니다. 기업들은 대학에 쓸만한 인재를 키워 달라고 요구합니다. 입시 심사만으로는 원하는 인재를 채용할 수 없음을 실감하고 있습니다.

그렇다면 기업이 원하는 인재는 어떤 인재일까요? 어려운 상황에서 혼자 고민하고 끙끙 앓는 것보다는 다양한 방법으로 다양한 사람과 커뮤니케이션해야 합니다. 문제가 있는 상황이나 예견하지 못한 상황에서 자신이 가용할 수 있는 상상력과 창의성을 발휘하여 문제를 풀어나가야 합니다. 특히 생성형 인공지능이 우리 생활에 이미 와버린 시점에는 그러합니다. 생성형 인공지능들이 만들어내는 정보와 내용들이 사실인지 가공되거나 허구인지를 비판적 사고를 가지고 바라보아야 합니다. 다양하고 변화무쌍한 시대에 접어들었고 혼자서 해결되지 않는 일들과 연결된 일들이 워낙 많아서 다른 사람 혹은 전문가와 협업하지 못하면 풀 수 없는 일들이 많습니다. 그것들은 AI가 대체할 수 없는 능력입니다.

어떠한 맥락을 이해하고 그 프레임에 갇히지 않으며 유연한 사고를 하고 스스로 가치를 만들어가는 인재가 바로 미래 사회가 필요로 하는 인재입니다. 인간의 고유한 능력을 강화하고 발전시키는 것이야말로 AI 시대에 진정 필요한 교육 방향입니다. 그 이전에 기본적인 문해력은 그것들을 더욱 잘할 수 있는 기본 중의 기본이 됩니다.

2. 빅테크 창업자들의 성공 비결

세계 최고의 빅테크 업체인 구글의 공동 창업자 세르게이 브린과 페이스북 창업자 마크 저커버그는 유대인의 가정에서 자랐습니다. 유대인들의 특징 중 하나는 어릴 때부터 문해력 교육을 매우 중요하게 여긴다는 것입니다. 전통적으로 자녀들에게 토라와 탈무드를 읽고 해석하는 방법을 가르치며, 언어 능력과 함께 비판적인 사고를 길러줍니다. 가족 모두가 참여하여 부모와 함께 자녀가 책을 읽고 토론하는 문화를 형성합니다. 이는 부모가 단순히 자녀를 학원이나 학교에 보내는 것보다 더 적극적으로 자녀들의 문해력 발달에 참여하도록 유도하는 것입니다.

교육은 모방에서 시작됩니다. 유대인 최초의 국무장관 헨리 키신저는 어릴 때 독서광이었던 아버지를 흉내내며 자랐습니다. 학교 교사였던 아버지의 서재에서 책을 읽고 토론하며 자란 키신저는 뛰어난 토론 능력과 말하기 능력을 갖추게 되었습니다. 나중에 키신저가 노벨 평화상을 수상하게 된 배경에는 아버지의 책 읽는 모습이 큰 영향을 미쳤습니다.

헤르만 헤세는 '인간이 만든 많은 세계 중에서 책의 세계가 가장 위대한 세계'라고 말했습니다. 책 속에는 작가들이 경험한 것, 생각한 것, 지식, 상상, 통찰 등이 모두 녹아 있기 때문입니다. 책을 읽으면 세상을 보다 크고 넓게 바라볼 힘이 생깁니다. 이는 인간의 세상을 잘 이해하고 여유와 능력을 갖추게 합니다. 특히 자신의 인생관, 가치관, 세계관이 형성되는 시기에는 책 한 권이 인생의 항로를 결정짓기에 아주 중요합니다. '책을 읽는다는 것은 사람이 온다는 것이고, 그 사람의 인생이 한꺼번에 온다'는 문구처럼, 하루에 한 사람씩 만나 그 사람들의 통찰을 듣고 이해하며 자신의 역량으로 만들면 100권만 읽어도 엄청난 변화가 생깁니다.

너무 빨리 다가온 생성형 인공지능 사회에서는 집약된 지식을 활용하여 창의적이고 융합적인 사고가 요구됩니다. 독서는 창의력, 통찰력, 상상력, 타인에 대한 공감 능력을 키우는 최고의 도구입니다. 유대인의 가정에는 TV 대신 책장이 있고, 화장실에도 작은 책장이 있습니다. 자투리 시간에도 책을 읽으며, 심지어 묘지에도 책이 놓여 있습니다. '생명이 다하더라도 공부는 끝나지 않는다.'는 것이 유대인의 철학입니다.

유대인은 태어나서 죽을 때까지 책과 함께합니다. 그래서 '책의 민족'이라 불릴 정도로 가장 많이 읽습니다. 유네스코 조사에 따르면 유대인은 연간 평균 64권의 책을 읽습니다. 이는 최소한 일주일에 한 권은 읽는 셈입니다. 이에 비해 우리나라는 독서율이 감소하고 있습니다.

어릴 때 독서 습관이 형성되지 않으면 어휘력이 제대로 발달하지 않아서 초등학교 1, 2학년 때는 큰 차이가 나지 않지만, 3, 4학년으로 올라가면서 어휘력이 요구되는 교과목이 늘어나 기본 어휘력이 부족해지고 사고력, 표현력, 상상력, 창의력으로 연결되기 어렵습니다. 이해가 잘되지 않는 학생은 학교생활이 즐겁지 않은 것은 당연합니다. 5, 6학년이 되어서 독서를 습관화하려 해도 기존의 생활 습관이나 고착된 일들로 인해 부모가 강제로 독서를 시키거나 학원을 보내도 고치기가 매우 어렵습니다.

어릴 때 독서 교육은 육아처럼 힘이 듭니다. 처음 부모가 되면서 어떻게 아이를 키워야 할지 난감해하는 부모들은 여기저기 물어보고, 유튜브를 보고, 검색을 하며 다양한 경로로 정보를 찾습니다. 그러다 서점을 찾아 육아법에 대한 책을 찾게 됩니다. 자녀 교육법이라고 해서 특별히 다른 것이 있는 것은 아닙니다. 익히 들어왔던 내용이 전부일 때가 많습니다. 다만 지금 읽고 있는 부모님들은 자녀가 어릴수록 부모가 함께 하루에 10분 정도 매일 책을 읽어주는 습관을 들이면 됩니다. 비록 아이가 태어나지 않고 배 속에 있을지라도 매일 책을 읽어주면 그 느낌을 알아차리고 태어나서도 관심을 가지고 집중하게 됩니다.

태어나서 걷기 전에 말할 수 없어도 책을 읽는 동안 아이는 책의 내용을 느끼고 있습니다. 걸어 다니기 시작하면서 엄마, 아빠가 특정한 시간을 정해 매일 10분~30분 책을 읽어주는 것은 매우 중요합니다. 불행히도 우리 집 아이들은 이미 성장하여 27살이 되었고, 그들이 사춘기 시절에 이러한 사실을 알고 교육이나 대화를 시도했지만 빈번하게 실패했습니다. 이는 12년 이내에 형성되는 습관이 아니기 때문입니다.

구글 제국을 세운 공동 창업자 래리 페이지와 세르게이 브린은 유대인이며, 스탠퍼드 대학교 오리엔테이션에서 처음 만났습니다. 첫 만남부터 논쟁을 벌일 정도로 유쾌하지 않은 만남이었지만, 어린 시절부터 자신의 주장과 논리를 세우며 방어하는 방법을 배우며 자랐습니다. 이후 둘은 빌 게이츠가 만든 '게이츠 빌딩'에서 함께 살며 정치, 사회, 문화, 철학에 대한 다양한 토론을 밤새도록 벌였습니다. 이러한 토론 문화는 실용적이며, 문해력을 해결하기 위해 어릴 때부터 형성된 가족 분위기에서 비롯된 것입니다. 아이러니하게도 OpenAI의 챗GPT 설립자인 샘알트만 또한 유대인입니다.

3. 혁신의 역사를 이끄는 문해력
: 철기 시대에서 AI 시대까지

인류 문명의 역사는 혁신의 역사입니다. 철기 시대의 도래는 인류 사회에 혁명적인 변화를 불러왔습니다. 금속 가공 기술의 발전은 농업 생산성을 높이고, 전쟁의 양상을 바꾸며, 일상생활을 크게 개선했습니다. 철은 강력한 도구와 무기로서 인류의 발전을 가속화시켰고, 철기를 사용하는 문명은 세계를 지배하는 힘을 얻었습니다. 오늘의 시대에, 우리는 또 다른 혁명적 도구와 마주하고 있습니다. 바로 생성형 일반인공지능입니다.

제레드 다이아몬드는 그의 저서 『총, 균, 쇠』에서 인류 문명의 발전을 설명하는 중요한 요소로 철을 강조합니다. 철은 단순한 금속이 아니었습니다. 그것은 인간의 창의성과 기술력이 응집된 산물이었으며, 새로운 시대를 여는 열쇠였습니다. 철을 가공하고 활용하는 능력은 인류의 생존과 번영에 중대한 영향을 미쳤습니다. 철기 시대의 시작은 농업의 대규

모 확장과 도시의 형성, 그리고 군사력의 급격한 증가를 가져왔습니다. 이 모든 변화는 인간의 생활 방식을 근본적으로 바꾸었습니다.

다이아몬드는 철이 어떻게 유럽을 비롯한 여러 문명의 성공에 기여했는지를 상세히 분석합니다. 철제 무기와 도구는 효율성을 극대화했고, 이는 곧 경제적, 군사적 우위로 이어졌습니다. 철의 활용은 또한 인구 증가와 도시화, 그리고 복잡한 사회 구조의 형성을 가능하게 했습니다. 이러한 요소들은 인류 문명이 더 복잡하고 발전된 형태로 나아가는 데 결정적인 역할을 했습니다.

생성형 AI는 오늘의 철입니다. 이 기술은 데이터 분석, 창의적 콘텐츠 생성, 복잡한 문제 해결 등 다양한 분야에서 혁신을 일으키고 있습니다. 생성형 AI는 방대한 데이터를 바탕으로 새로운 정보를 생성하고, 이를 통해 인간의 지적 한계를 넘어서게 합니다. 이러한 기술은 의료, 금융, 교육, 예술 등 여러 분야에서 이미 중요한 역할을 하고 있으며, 앞으로의 가능성은 무궁무진합니다.

AI의 발전은 철기 시대와 유사하게 사회 전반에 걸쳐 큰 변화를 불러오고 있습니다. 예를 들어, 의료 분야에서는 AI가 진단과 치료 계획을 더욱 정확하게 할 수 있도록 돕고 있으며, 금융 분야에서는 리스크 관리와 예측 모델링에 큰 혁신을 가져왔습니다. 교육에서는 맞춤형 학습이 가능해지고, 예술에서는 새로운 창작의 가능성이 열리고 있습니다.

철기 시대와 생성형 AI 시대는 모두 인간 문명의 중대한 전환점을 나타냅니다. 철은 물리적 세계에서 인간의 힘을 극대화했고, 생성형 AI는 디지털 세계에서 인간의 지적 능력을 확장합니다. 이 두 기술은 각기 다른 시대에 인간에게 새로운 도구를 제공하며, 우리의 생활 방식과 사회 구조를 혁신적으로 변화시켰습니다.

다이아몬드는 『총, 균, 쇠』에서 문명의 발전이 단순한 기술의 발전뿐만 아니라, 그 기술이 사회와 환경에 미치는 영향에 달려 있음을 강조합니다. 생성형 AI 역시 이러한 맥락에서 이해할 수 있습니다. AI의 발전은 단순한 기술적 혁신이 아니라, 인간 사회의 전반적인 구조와 상호작용 방식을 재편할 가능성을 내포하고 있습니다.

생성형 AI의 발전은 철기 시대와 마찬가지로 새로운 도전과 기회를 가져옵니다. 철의 발견이 새로운 전쟁 양상을 불러온 것처럼, 생성형 AI는 사이버 보안, 개인정보 보호 등 새로운 문제를 야기합니다. 그러나 동시에, 이 기술은 의료 진단의 정확성을 높이고, 교육의 접근성을 확대하며, 창의적 작업을 자동화하는 등 무한한 가능성을 제시합니다.

AI와 철기 시대의 공통점은 기술 자체가 아니라, 그 기술이 어떻게 인간 사회에 통합되고 활용되는가에 있습니다. 이는 정책 결정자, 기업가, 교육자 등 모든 사회 구성원이 함께 고민하고 해결해야 할 과제입니다. AI 윤리, 데이터 보호, 공정한 접근성 보장 등 다양한 문제가 함께 다루어져야 합니다.

철과 생성형 AI는 시대를 초월한 혁신의 상징입니다. 과거의 철이 인류에게 새로운 가능성을 열어주었듯이, 생성형 AI는 우리에게 미래의 문을 열어줍니다. 우리는 과거의 교훈을 바탕으로 현재와 미래를 대비해야 합니다. 이러한 준비는 우리의 삶을 더욱 풍요롭게 만들고, 인류의 진보를 지속적으로 이어 나갈 것입니다.

이제 우리는 철기 시대의 혁신 정신을 계승하여 생성형 AI 시대의 도전에 맞서야 합니다. 과거와 미래가 만나는 이 지점에서, 우리는 새로운 시대를 향한 첫걸음을 내딛고 있습니다. 혁신의 연속성을 이해하고 이를 실천할 때, 우리는 더 나은 미래를 만들어 나갈 수 있을 것입니다.

다이아몬드가 『총, 균, 쇠』에서 말한 바와 같이, 문명의 발전은 단순히 기술적 도구의 발전에 그치지 않고, 그 도구가 인간 사회에 어떤 방식으로 영향을 미치는지에 달려 있습니다. 생성형 AI 시대에 우리는 이러한 교훈을 잊지 말아야 하며, 혁신과 도전이 공존하는 미래를 향해 나아가야 합니다.

4. 구텐베르크의 유산

인류의 역사는 혁신의 역사입니다. 구텐베르크의 인쇄술 혁명과 함께 지금 다가온 생성형 인공지능(Generative AI)의 등장은 그중에서도 가장 주목할 만한 순간들입니다. 이 두 기술 혁신은 각기 다른 시대에 인류의 지식과 소통 방식을 근본적으로 변화시켰습니다. 그것들은 시대를 뛰어넘어 인간 문명의 발전을 이끄는 중요한 전환점이 되었습니다.

15세기 중반, 요하네스 구텐베르크는 금속 활자를 이용한 인쇄술을 발명하여 인류 역사에 지대한 영향을 미쳤습니다. 이전까지 책은 손으로 일일이 베껴 써야 했기 때문에 시간과 비용이 많이 들었고, 소수의 특권층만이 고급 정보에 접근할 수 있었습니다. 구텐베르크의 인쇄술은 이러한 제약을 깨고 대량 생산을 가능하게 하여, 지식의 대중화를 이끌었습니다.

인쇄술의 발명은 르네상스, 종교 개혁, 과학 혁명 등 여러 중요한 역사적 사건들의 밑바탕이 되었습니다. 정보와 지식이 널리 퍼지면서 사람들은 더 많은 지식을 얻을 수 있었고, 이는 사회 전반에 걸쳐 비판적 사고와 혁신을 촉진했습니다. 구텐베르크의 혁신은 단순히 기술적 진보에 그치지 않고, 인류 사회의 근본적인 변화를 불러왔습니다.

무엇보다도, 인쇄술은 문해력의 확산을 가져왔습니다. 더 많은 사람들이 책을 읽고 쓸 수 있게 되면서 교육의 접근성이 크게 향상되었습니다. 이는 다양한 사상과 아이디어의 교류를 촉진시켜, 사회 전반에 걸쳐 비판적 사고와 창의적 사고를 증진했습니다. 문해력의 확산은 민주주의 발전의 기초를 마련하고, 인류의 지적 자산을 풍부하게 했습니다. 소수의 특권층만이 지식을 독점하던 시대에서 벗어나, 일반 대중도 지식에 접근하고 활용할 수 있게 되면서 사회 전체의 역량이 강화되었습니다.

오늘날 우리는 또 다른 혁명적 기술인 생성형 AI를 마주하고 있습니다. 생성형 AI는 방대한 데이터를 바탕으로 새로운 정보를 생성하고, 이를 통해 인간의 지적 한계를 확장합니다. 이 기술은 텍스트, 이미지, 음악 등 다양한 콘텐츠를 창작할 수 있으며, 의료, 금융, 교육, 예술 등 여러 분야에서 이미 중요한 역할을 하고 있습니다.

생성형 AI의 가장 큰 강점은 창의력 증진입니다. 예를 들어, 예술가들은 AI를 통해 새로운 스타일의 작품을 창작할 수 있고, 연구자들은 AI의 분석 능력을 활용해 새로운 발견을 할 수 있습니다. 이는 인류가 창의성과 생산성을 동시에 극대화할 기회를 제공합니다.

또한, 생성형 AI는 정보 접근성을 높여주고 있습니다. 구텐베르크가 인쇄술로 지식의 대중화를 이끈 것처럼, AI는 데이터와 정보에 더 쉽게 접근하고 활용할 수 있게 합니다. 이는 교육, 연구, 산업 등 다양한 분야에서 혁신을 이끌며, 더 많은 사람들이 지식과 정보를 활용할 기회를 제공합니다. 특히, 기술적 장벽을 낮추고 누구나 쉽게 사용할 수 있는 도구로서, AI는 일반 대중에게 더 많은 혜택을 가져다줍니다.

구텐베르크의 인쇄술과 생성형 AI는 시대를 초월한 혁신의 상징입니다. 구텐베르크는 지식의 대중화를 통해 인류의 지적 발전을 이끌었고, 생성형 AI는 지식의 창조와 활용 방식을 혁신하고 있습니다. 이 두 기술은 각각의 시대에 인간의 삶을 크게 변화시켰고, 사회 전반에 걸쳐 새로운 가능성을 열어주었습니다.

구텐베르크의 인쇄술이 지식의 접근성을 높였다면, 생성형 AI는 지식의 생산성과 활용도를 극대화하고 있습니다. 과거에는 책을 통해 지식을 전달하고 공유했다면, 이제는 AI를 통해 지식을 생성하고 확산시킬 수 있습니다. 이러한 변화는 우리가 지식과 정보를 대하는 방식을 근본적으로 재정의하고 있습니다.

구텐베르크의 인쇄술이 새로운 시대를 열었듯이, 생성형 AI도 우리의 미래를 형성할 중요한 도구가 될 것입니다. 그러나 이러한 기술 발전에는 새로운 도전과 책임도 따릅니다. 구텐베르크의 시대에는 검열과 지식의 왜곡이 문제였다면, 생성형 AI 시대에는 개인정보 보호, 윤리적 AI 사용, 공정한 접근성 등이 중요한 이슈로 떠오르고 있습니다.

우리는 구텐베르크의 교훈을 바탕으로 생성형 AI 시대의 도전에 대응해야 합니다. 기술은 인간의 삶을 풍요롭게 할 수 있는 도구일 뿐, 그것을 어떻게 활용하느냐에 따라 그 가치가 결정됩니다. AI 기술의 윤리적 사용과 공정한 접근성을 보장하는 것이 우리가 해결해야 할 과제입니다.

구텐베르크와 생성형 AI는 각기 다른 시대에 인류의 혁신을 대표하는 두 얼굴입니다. 구텐베르크는 지식의 대중화를 통해 인류의 발전을 이끌었고, 생성형 AI는 창의성과 생산성을 극대화하며 새로운 가능성을 열어주고 있습니다. 이 두 기술 혁신은 우리에게 중요한 교훈을 남깁니다. 과거의 혁신이 우리의 현재를 형성했듯이, 현재의 혁신은 우리의 미래를 형성할 것입니다.

우리는 구텐베르크의 혁신 정신을 계승하여 생성형 AI 시대의 도전에 맞서야 합니다. 혁신의 연속성을 이해하고 이를 실천할 때, 우리는 더 나은 미래를 만들어 나갈 수 있을 것입니다. 인류의 지적 여정은 계속됩니다. 그리고 그 여정의 다음 장은 우리 손에 달려 있습니다.

구텐베르크의 인쇄술이 가져온 문해력의 확산은 소수 특권층에 국한된 지식의 문턱을 낮추어, 일반 대중도 교육과 정보를 누릴 기회를 제공했습니다. 이는 사회적, 경제적 격차를 줄이는 데 중요한 역할을 했고, 더 평등하고 공정한 사회를 구축하는 기반이 되었습니다. 생성형 AI 역시 이와 유사한 잠재력을 지니고 있습니다. AI 기술은 누구나 쉽게 접근하고 활용할 수 있도록 설계됨으로써, 디지털 격차를 줄이고, 다양한 배경을 가진 사람들이 기술의 혜택을 누릴 수 있게 합니다.

생성형 AI는 특히 교육 분야에서 큰 변화를 불러올 수 있습니다. AI를 활용한 맞춤형 학습 프로그램은 학생 개개인의 학습 스타일과 속도에 맞추어 최적의 교육 콘텐츠를 제공합니다. 이는 학습 효과를 극대화할 뿐만 아니라, 교육의 접근성을 높여 더 많은 사람들이 질 높은 교육을 받을 수 있도록 돕습니다. 또한, AI는 의료 분야에서 진단과 치료 계획을 개인화하여 환자들에게 더 나은 의료 서비스를 제공할 수 있습니다.

그러나 이와 같은 기술 발전에는 윤리적, 사회적 고려가 필수적입니다. AI의 발전이 모든 사람에게 공정하게 혜택을 제공하려면, 데이터의 윤리적 사용, 개인 정보 보호, AI 알고리즘의 공정성과 투명성 등이 보장되어야 합니다. 우리는 구텐베르크가 인쇄술을 통해 지식의 접근성을 혁신적으로 확장한 것처럼, 생성형 AI를 통해 지식과 정보를 더욱 평등하게 나눌 수 있는 방법을 찾아야 합니다.

구텐베르크와 생성형 AI는 혁신의 두 얼굴입니다. 각각의 시대에서 이룬 혁신은 인류의 삶을 풍요롭게 만들고, 새로운 가능성을 열어 주었습니다. 이제 우리는 이 두 혁신의 교훈을 바탕으로, 더 나은 미래를 만들어 나가기 위한 노력을 이어가야 합니다. 구텐베르크의 인쇄술이 가져온 문해력의 확산처럼, 생성형 AI도 더 많은 사람들에게 지식과 정보의 혜택을 제공하는 도구가 될 수 있습니다.

인류의 혁신 여정은 끝나지 않았습니다. 우리는 과거의 교훈을 바탕으로 현재의 도전에 맞서고, 더 나은 미래를 향해 나아가야 합니다. 전 재산을 털어서 자신의 모든 삶을 활자 인쇄술에 바친 구텐베르크와 함께 생성형 AI의 혁신을 계승하여, 우리는 앞으로도 지속적인 발전을 이룩할 수 있을 것입니다.

5. 도다이 로봇 프로젝트의 교훈

2011년 시작된 노리코 아라이 교수의 "도다이 로봇(토다이 로봇, 도로보군) 프로젝트"는 인공지능(AI) 시스템이 도쿄대학 입학시험을 통과할 수 있는지를 테스트하며 AI의 가능성과 한계를 명확히 탐구한 중요한 실험으로 주목받고 있습니다. 이 프로젝트는 단순히 AI의 능력을 평가하는 것을 넘어, 인간과 AI의 차별화된 능력을 재조명하고 있습니다.

도다이 로봇은 방대한 데이터와 뛰어난 계산 능력을 바탕으로 수학과 같은 명확한 규칙과 패턴이 있는 과목에서 탁월한 성적을 거두었습니다. 실제로 도쿄대 입학시험에서 상위 20%의 성적을 기록한 도다이 로봇은, 문제를 "이해"했다기보다는 데이터를 분석하고 패턴을 추론하여 높은 성과를 냈습니다. 이는 AI가 데이터 처리와 분석에서 강점을 가지고 있음을 보여줍니다.

그러나 문학과 역사와 같은 과목에서는 상황이 달랐습니다. 도다이 로봇은 텍스트의 의미를 이해하고 맥락을 파악하는 데 큰 어려움을 겪었습니다. 인간의 직관과 경험이 필수적인 문학 작품의 주제나 인물의 감정을 이해하는 능력에서는 AI가 큰 한계를 드러냈습니다. 이러한 문제는 AI가 단순히 데이터 분석을 넘어선 인간의 감정적이고 직관적인 판단을 이해하는 데 있어 한계가 있음을 명확히 보여줍니다.

이러한 결과를 바탕으로, 아라이 교수는 교육의 새로운 방향성을 제시합니다. 인간이 AI보다 우수한 능력, 즉 이해력, 창의적 사고, 감정적 인지, 그리고 상호작용 능력을 기르는 것이 중요하다는 점을 강조합니다. 예를 들어, 문학 작품을 읽고 등장인물의 감정을 이해하며, 역사적 사건의 맥락을 파악하고 그 영향을 분석하는 능력은 AI가 쉽게 모방할 수 없는 인간 고유의 특성입니다. 이러한 능력은 비판적 사고와 창의성을 요구하며, 이는 AI 시대의 교육에서 더욱 중요하게 다루어져야 합니다.

또한, 교육 현장에서의 상호작용과 협력은 인간이 AI보다 뛰어난 또 다른 측면입니다. 교실에서의 토론과 협력 학습은 학생들이 다양한 관점을 배우고, 비판적으로 사고하며, 창의적으로 문제를 해결하는 데 중요한 역할을 합니다. 이러한 교육 방식은 학생들의 감정적 지능을 키우고, 상호작용 능력을 향상시키는 데 큰 도움이 됩니다.

유명한 심리학자 하워드 가드너는 "인간의 다중 지능 이론"을 통해 인간이 가진 다양한 지능 유형을 강조했습니다. 그는 언어적, 논리 수학적, 공간적, 음악적, 운동적, 대인관계적, 자기 이해적 지능 등 다양한 지능이 조화롭게 발달할 때 인간이 진정으로 성장할 수 있다고 주장했습니다. 이러한 다중 지능은 AI가 단순히 모방하기 어려운 인간의 고유한 능력으로, 교육 현장에서 이러한 능력을 키우는 것이 중요합니다.

도다이 로봇 프로젝트는 AI의 가능성과 한계를 명확히 보여주었고, 이를 통해 우리는 AI 시대에 필요한 교육의 방향을 재고할 수 있었습니다. 인간 고유의 이해력, 창의적 사고, 감정적 인지, 상호작용 능력 등을 강조하는 교육은 AI와 공존하며 미래를 준비하는 데 있어 중요한 역할을 할 것입니다. 이는 아라이 교수의 실험이 제시한 중요한 시사점이며, 앞으로의 교육이 나아가야 할 방향을 잘 보여주고 있습니다.

초등학교 저학년 자녀를 둔 학부모들은 자녀의 미래를 준비하는 데 있어 중요한 역할을 합니다. AI 시대에 적응하고 경쟁력을 갖추기 위해 학부모들은 다음과 같은 점을 고려해야 합니다.

- **비판적 사고와 창의성 함양**: 자녀가 단순히 지식을 습득하는 것에 그치지 않고, 비판적으로 사고하고 창의적으로 문제를 해결하는 능력을 키울 수 있도록 다양한 활동을 제공합니다. 예를 들어, 책을 읽고 이야기를 나누며, 다양한 시각에서 문제를 바라보는 훈련을 시킵니다. 창의성은 단순히 예술적인 재능만을 의미하지 않습니다. 일상에서 새로운 방식으로 문제에 접근하고 해결하는 능력을 기르는 것이 중요합니다.
- **감정적 인지와 상호작용 능력 강화**: 자녀가 다른 사람의 감정을 이해하고 공감하는 능력을 기르도록 돕습니다. 친구와의 협력, 가정 내에서의 대화와 이해를 통해 감정적 지능을 높이는 것이 중요합니다. 놀이를 통해 다른 사람의 감정을 배우고, 협동심과 타인을 배려하는 마음을 기를 수 있습니다.
- **다양한 경험 제공**: 다양한 활동을 통해 자녀가 여러 분야에 대한 경험을 쌓을 수 있도록 합니다. 음악, 미술, 스포츠 등 다양한 활동을 통해 자녀의 다중 지능을 발달시킵

니다. 이러한 경험은 자녀가 자
신의 흥미와 재능을 발견하고,
다방면에서 균형 잡힌 성장을
할 수 있도록 돕습니다.

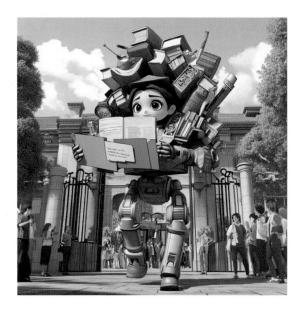

• **자기 주도 학습**: 자녀가 스스로
목표를 설정하고 학습하는 습
관을 기를 수 있도록 돕습니다.
이는 자율성과 책임감을 기르
는 데 중요한 요소입니다. 자녀
가 자신의 학습에 주도적으로
참여하게 함으로써, 문제 해결 능력과 자기관리 능력을 키울 수 있습니다.

• **기술 활용 능력**: 자녀가 최신 기술을 활용할 수 있도록 가르치되, 기술에 과의존하지
않고 창의적으로 문제를 해결하는 능력을 키웁니다. 기술은 어디까지나 도구일 뿐이
며, 이를 어떻게 활용하느냐가 중요합니다. 자녀가 기술을 잘 활용하여 창의적인 프
로젝트를 수행하고, 문제를 해결하는 경험을 통해 실질적인 능력을 기를 수 있도록
학부모가 우선 배우고 학습하여 자녀에게 가르치는 것이 중요합니다.

• **독해력 강화**: 독해력은 모든 학습의 기초가 되는 능력입니다. 자녀가 책을 읽고 내용
을 이해하며, 이를 바탕으로 비판적 사고를 할 수 있도록 도와야 합니다. 노리코 아
라이 교수는 '독해력'이 부족한 학생과 개인은 미래가 없다고 경고한 바 있습니다.
따라서 학부모는 자녀의 독해력을 기르는 데 집중해야 합니다. 자녀와 함께 책을 읽
고 이야기를 나누며, 다양한 글을 접하고 이해하는 능력을 키우는 것이 중요합니다.

6. 오디세우스와 폴리페모스 이야기의 현대적 의미

호메로스의 《오디세이아》는 고대 그리스 문학의 걸작으로, 지금도 우리에게 많은 영감을 주고 있습니다. 그 내용은 인간의 지혜와 용기를 생생하게 묘사합니다. 특히 외눈박이 거인 폴리페모스와의 만남은 오디세우스의 지혜와 용기를 잘 보여주는 장면으로, 문해력의 차이와 전략적 사고가 얼마나 중요한지를 알려주는 중요한 대목입니다.

오디세우스는 폴리페모스의 동굴에서 자신과 부하들이 생명을 위협받는 상황에 직면합니다. 오디세이아에서 표현하는 폴리페모스는 외눈박이 거인으로 거대하고 힘을 자랑합니다. 야만적이면서 문명화되지 않은 성격입니다. 동굴에서 홀로 양 떼를 기르며 사람을 먹고 살고 있었습니다.

이러한 절망적인 상황에서도 오디세우스는 냉정을 유지하고 상황을 면밀히 분석합니다. 그는 단순히 힘으로 거인을 제압하려는 것이 아니라, 거인을 설득하고 속이는 방법을 선택합니다. 이 과정에서 오디세우스의 문해력이 빛을 발합니다. 그는 폴리페모스에게 자신의 이름을 "아무도 아닌 사람"이라고 말해, 나중에 거인이 다른 거인들에게 도움을 청할 때 그들이 이를 오해하도록 만듭니다. 오디세우스는 언어의 힘과 그 의미를 깊이 이해하고 이를 전략적으로 사용하여 생존의 기회를 마련합니다.

오디세우스의 지혜는 단순한 언어적 기교를 넘어서는 것입니다. 그는 폴리페모스를 취하게 만들기 위해 포도주를 제공하고, 거인이 잠들었을 때 눈을 찌르는 계획을 세웁니다. 이 계획은 철저하게 계산된 것이며, 오디세우스는 거인이 잠든 상태에서 눈을 찌르는 것이 가장 효과적임을 알고 있습니다. 또한, 그는 거인의 눈을 찌른 후에도 탈출 계획을 세웁니다. 부하들과 함께 양들의 배 아래에 몸을 묶어 숨어서 탈출하는 방법은 거인의 감각을 이용한 전략적 사고의 결과입니다. 오디세우스의 지혜는 문제 해결 능력과 창의적 사고를 결합하여 그의 팀을 안전하게 보호합니다.

이 모든 계획이 성공하기 위해서는 용기가 필요합니다. 오디세우스와 그의 부하들은 거인의 눈을 찌르기 위해 목숨을 걸어야 했습니다. 그들은 폴리페모스가 깨어나서 그들을 잡아먹을 위험을 감수하면서도 자신의 계획을 실행합니다. 오디세우스의 용기는 그의 부하들에게도 전달되어, 그들은 함께 힘을 합쳐 어려움을 극복합니다. 오디세우스의 용기는 단순히 두려움을 느끼지 않는 것이 아니라, 두려움을 느끼면서도 앞으로 나아가는 힘을 의미합니다. 이는 진정한 용기의 정의를 잘 보여줍니다.

이 중에서도 외눈박이 거인 폴리페모스와의 대결은 오디세우스의 문해력과 지혜를 가장 잘 보여주는 장면입니다. 이 장면을 통해 오디세우스는 폴리페모스의 무식함을 이용하여 자신과 부하들의 목숨을 구합니다. 구체적인 대사를 통해 이 장면이 어떻게 문해력과 관련되어 있는지 살펴보겠습니다.

오디세우스: "이 훌륭한 포도주를 마셔보게, 폴리페모스. 우리에게 자비를 베푼다면 더 많이 주겠네."

폴리페모스: "이 술은 정말 맛있구나! 너의 이름은 무엇이냐?"

오디세우스: "내 이름은 아무도 아닌 사람(Nobody)이라네."

여기서 오디세우스는 자신의 이름을 "아무도 아닌 사람"이라고 말함으로써, 폴리페모스를 속이는 중요한 전략을 구사합니다. 이는 오디세우스의 문해력을 잘 보여주는 대목입니다. 그는 폴리페모스가 이름을 물어볼 때 거짓된 이름을 제공하여, 후에 벌어질 상황을 유리하게 만듭니다.

폴리페모스는 오디세우스의 의도를 전혀 눈치채지 못하고, 술을 마시고 취해 잠이 듭니다. 오디세우스와 그의 부하들은 이 틈을 타서 거인의 눈을 찌릅니다.

폴리페모스: "도와줘! 아무도 아닌 사람이 나를 죽이려 해!"

다른 거인들: "그렇다면 아무도 너를 해치지 않는 것이니, 우리는 도울 필요가 없겠군."

폴리페모스는 "아무도 아닌 사람"이라는 말을 문자 그대로 받아들여, 다른 거인들에게 도움을 요청할 때도 이 표현을 사용합니다. 이는 폴리페모스의 문해력 부족을 드러냅니다. 그는 상황의 의미를 제대로 해석하지 못하고, 언어의 미묘한 차이를 이해하지 못하여 오디세우스의 함정에 빠지게 됩니다.

이 장면은 문해력과 지혜가 어떻게 상황을 유리하게 만들 수 있는지를 보여줍니다. 오디세우스는 자신의 문해력을 바탕으로 언어를 전략적으로 사용하고, 폴리페모스의 무식함을 이용하여 탈출 계획을 성공시킵니다. 이는 단순한 힘의 대결이 아니라, 지혜와 문해력의 대결에서 승리한 예입니다.

오디세우스의 이야기에서 우리는 상황을 이해하고, 적절하게 대응하는 문해력의 중요성을 배울 수 있습니다. 폴리페모스의 무식함은 그가 상황을 제대로 해석하지 못하고, 언어의 미묘한 차이를 이해하지 못함으로써 드러납니다. 이러한 교훈은 오늘날에도 여전히 유효하며, 우리는 오디세우스와 같은 위기의 상황에서 어떻게 문해력과 지혜를 통해 역경을 극복하고, 더 나은 결정을 내릴 수 있음을 기억해야 할 것입니다.

7. 디지털 문해력과 새로운 교육 패러다임
– 원주민과 이주민의 지식 통섭

"지식의 보급과 전파"는 인류 역사에서 언제나 중요한 역할을 해왔습니다. 책을 통한 지식의 전파가 엄청난 변화를 불러왔다면, 20세기 말 컴퓨터와 인터넷의 보급은 지식의 흐름을 완전히 바꿔놓았습니다. 이제 정보는 0과 1로 변환되어 모니터 위에 문자로 표시됩니다. 이에 따라 지식의 접근성과 전달 방식에서 혁명적인 변화가 일어났습니다. 졸르조 아감벤은 그의 저서 『불과 글』에서 이러한 변화를 '스크린상의 유령'이라는 표현으로 설명했습니다. 그는 현대인에게 여전히 분절된 페이지의 개념이 남아 있지만, 위아래로 스크롤 하거나 텍스트를 건너뛰는 하이퍼텍스트의 출현이 인간의 인식과 사고에 큰 영향을 미친다고 지적합니다.

이러한 디지털 시대의 변화를 이해하기 위해서는 교육 현장에서의 변화를 살펴볼 필요가 있습니다. 미국의 교육학자 마크 프렌스키는 디지털 원주민 세대와 디지털 이주민 세대를 비교하며, 새로운 교육 패러다임을 제시합니다. 디지털 원주민 세대는 태어날 때부터 디지털 환경에 익숙한 세대를 의미하며, 디지털 이주민 세대는 이러한 환경에 적응해야 하는 세대를 의미합니다. 프렌스키는 디지털 원주민 세대의 주의력이 짧고 논리적으로 결여되어 있다는 주장이 사실이 아니며, 오히려 교육하기 어려운 것은 디지털 이주민 세대인 교육자들이라고 주장합니다. 그는 이주민 세대가 원주민 세대의 변화를 따라가지 못해 교육이 어려워졌다고 지적합니다.

프렌스키는 사물의 성질 변화가 뇌 구조를 바꾸고 사고방식도 변화시킨다는 점에서 흥미로운 주장을 펼칩니다. 그는 뇌의 신경가소성과 순응성을 예로 들며, 뇌 신경회로가 외부 자극이나 경험, 학습에 의해 기능적으로 변화하고 재조직되는 현상을 설명합니다. 마치 플라스틱에 열을 가해 녹여 다른 형태로 만드는 것처럼, 우리의 뇌도 끊임없이 변화하고 있습니다. 신경회로는 일상에서 끊임없이 변화하는 것으로 알려져 있으며, 이러한 변화는 디지털 환경에 더욱 두드러집니다.

디지털 원주민의 특징은 트위치 스피드, 멀티태스킹, 무작위 접속, 그래픽 우선주의, 높은 연결성, 빠른 보상 등으로 정의됩니다. 프렌스키는 이러한 특징들이 논리적이지 못하고 집중력이 부족하며 인내심이 없다는 디지털 이주민 세대의 불만을 일축합니다. 그는 디지털 원주민 세대가 논리적이지 않은 것이 아니라, 논리의 연속성이 직선적인 방식과 다를 뿐이라고 주장합니다. 재미가 있다면 집중력도 발휘할 수 있으며, 통신 기술의 발달로 인해 빠른 반응과 정보 처리가 더욱 잘 어울린다고 설명합니다.

그러나 프렌스키는 디지털 원주민 세대에게 부족한 점이 바로 '성찰'이라고 지적합니다. 학습에서 성찰은 자신이 한 것을 돌아보고 반성하여 새롭게 나아가는 준비를 의미합니다. 성찰은 디지털 원주민 세대의 교육에 반드시 통합되어야 한다고 프렌스키는 강조합니다. 성찰의 부족은 디지털 시대의 큰 문제로, 개인이 만든 콘텐츠를 소비하고 '좋아요'와 '공유'로 반응하면서, 자기 생각을 스스로 성찰할 기회를 잃을 수 있습니다.

프렌스키가 말하는 성찰은 초연 시대에 스스로 분리하여 혼자 생각하고 자신을 돌아보는 능력이 필요하다고 말합니다. 일본의 후지하라 가즈히로는 그의 저서 『책을 읽는 사람만이 손에 넣는 것』에서 시청각 정보에만 특화된 현대인이 상대적으로 적은 정보량으로 살아가고, 항상 연결된 상태에서 혼자 책을 읽을 시간이 줄어들어 기본적인 지식이 부족해진다고 예언합니다. 그는 책을 읽는 능력이 다음 세대를 좌우할 것이라고 주장하며, 디지털 시대의 정보 소비가 개인의 성찰을 약화시킬 가능성을 경고합니다.

앞으로의 사회는 역사, 철학, 예술, 심리학, 물리학, 생물학, IT 등 모든 분야에서 통합적 역량을 요구합니다. 학문 간의 경계를 넘나들며 모든 분야를 다루는 학자들과 교사가 필요합니다. 조각된 지식이 아니라, 다양한 지식을 포괄하여 통섭적 통찰력을 가지는 시대가 온 것입니다. 프렌스키는 기존의 논리적으로 구성되고 계획된 학습 목표를 향해 나아가는 교육 방식보다, 디지털 원주민 세대를 위한 교수법으로 디지털 게임 기반의 학습을 제안합니다. 이는 통합적이고 융합적인 지식 없이는 모든 콘텐츠를 비판 없이 받아들일 수밖에 없다는 경고를 포함합니다. 조각으로 나뉜 흥미로운 주제와 동영상이나 콘텐츠를 보고, 필요 시 책을 읽거나 권위자의 긴 강의를 듣고자 하는 학습 방식이 디지털 시대의 새로운 교육 패러다임입니다.

디지털 문해력은 단순히 기술을 다루는 능력이 아닙니다. 통합적인 지식의 기초위에 만들어지는 것들의 정보를 비판적으로 평가하고, 다양한 매체를 통해 얻은 지식을 통합하며, 이를 바탕으로 새로운 통찰을 얻는 능력입니다. 디지털 원주민 세대는 이러한 능력을 자연스럽게 익히는 데 유리한 환경에서 자라났지만, 동시에 깊이 있는 성찰과 비판적 사고를 기르는 데 어려움을 겪을 수 있습니다. 교육자들은 이 점을 인식하고, 디지털 문해력을 강화하는 교육 방안을 모색해야 합니다. 이를 통해 디지털 시대의 지식과 정보를 올바르게 활용하고, 더 나아가 인간의 사고와 인식을 확장하는 데 기여할 수 있을 것입니다.

디지털 문해력의 중요성은 앞으로 더욱 강조될 것입니다. 정보의 홍수 속에서 우리는 올바른 정보를 선별하고, 비판적으로 평가하며, 다양한 지식을 통합하여 새로운 통찰을 얻는 능력을 길러야 합니다. 이는 단순한 기술적 능력을 넘어서, 깊이 있는 사고와 성찰을 통해 이루어질 수 있습니다. 디지털 시대의 교육은 이러한 능력을 배양하는 데 중점을 두어야 하며, 이를 통해 미래 세대가 더 창의적이고 통합적인 사고를 할 수 있도록 도와야 할 것입니다.

프렌스키와 후지하라 가즈히로의 주장들은 디지털 시대의 교육에 대한 중요한 통찰을 제공합니다. 우리는 디지털 원주민 세대의 특성을 이해하고, 그들의 강점을 최대한 활용하며, 동시에 부족한 부분을 보완할 수 있는 교육 방안을 모색해야 합니다. 이를 통해 디지털 문해력을 강화하고, 미래 사회가 필요로 하는 통합적 역량을 갖춘 인재를 양성할 수 있을 것입니다.

디지털 슈퍼맘을 넘어 코딩맘까지

엄마도
코딩한다!

코딩맘의 도전 I: 디지털 시대의 새로운 과제

오늘 같은 반 친구 가윤이 엄마에게 전화를 걸었다. 오랜만에 아이들 데리고 키즈카페에 가서 저녁이나 먹자고 제안했는데, 뜻밖의 대답이 돌아왔다. 가윤이가 코딩학원을 가야 한다는 것이다. 순간 머릿속이 복잡해졌다. 초등학교 5학년이면 이미 학교에서 코딩을 필수로 배운다고 하지 않았나? 그런데 이제 영어, 수학에 더해 코딩학원까지 보내야 한다니... 세상이 참 빠르게 변하고 있다는 생각이 들었다.

가윤이 엄마의 말이, 교육청에서 코딩 영재 프로그램을 운영한다고 한다. 그래서 초등학교 저학년 학부모들 사이에서 코딩 열풍이 불고 있다고!

이 소식을 듣자마자 불안감이 밀려왔다. '우리 아이도 늦었나?' 하는 생각에 급하게 주변 학원을 알아보았지만, 이미 대부분의 반이 꽉 찼다고 한다.

기다리라는 말에 한숨이 나왔다. 그러다 문득 기발한 생각이 떠올랐다. '그래, 내가 직접 배워볼까? 초등학생도 배우는 코딩, 나라고 못할 이유가 있을까?' 디지털 초보맘에서 시작해 디지털 슈퍼맘이 되었으니, 이제 디지털 코딩맘에 도전해 보는 것도 나쁘지 않을 것 같다. 아이를 여기저기 학원에 보내느라 지치게 하기보다는, 내가 먼저 배워서 아이와 함께 코딩을 즐기는 엄마가 되고 싶다. 함께 배우고 성장하는 과정이 우리 모두에게 더 의미 있는 경험이 되지 않을까?

자, 이제 결심했으니, 뭐부터 시작해야 할까? 온라인 강의를 들어볼까, 아니면 코딩 관련 책을 사볼까? 아니면 아이와 함께 코딩 캠프에 참가해 볼까? 새로운 도전 앞에 설렘과 두려움이 교차하지만, 이 또한 우리 가족의 성장 과정이 될 거라 믿는다. 코딩맘으로의 첫걸음, 지금 시작해 볼까?

엔트리는 아이들이 코딩을 쉽게 배울 수 있도록 도와주는 교육 플랫폼입니다. 여기서는 엔트리를 처음 시작하는 방법을 그림 순서대로 자세히 설명해볼게요.

⊘ 엔트리 사이트 접속하기(https://playentry.org)

① 웹 브라우저를 열고 주소창에 https://playentry.org를 입력하여 엔트리 사이트에 접속합니다.

② 회원가입 또는 네이버 or 웨일 스페이스 로그인

- 회원가입을 하지 않았다면, 화면 가운데 하단에 있는 '회원가입하기'로 접속하셔서 계정을 만들어요. 이미 계정이 있다면 '로그인' 버튼을 클릭하여 로그인합니다.
- 네이버 또는 웨일 스페이스 계정을 사용하여 로그인 할 수도 있습니다.

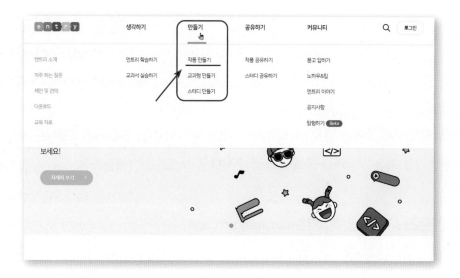

③ [만들기]-[작품 만들기] 선택

- 로그인 한 후, 상단 메뉴에서 '만들기'를 클릭한 후 '작품 만들기'를 선택합니다.

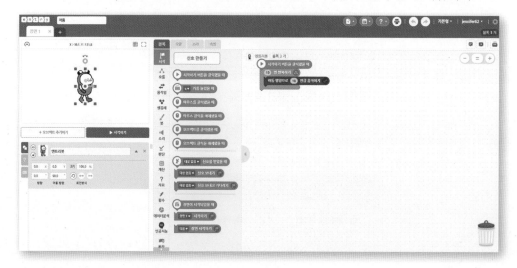

④ [작품 만들기] 첫 페이지

- 작품 만들기 첫 페이지가 열리면, 화면 오른쪽에 [블록 꾸러미]와 [블록 조립소], 그리고 [실행 화면]이 나타납니다.

- [실행 화면]은 블록을 조립해 만든 작품이 표시되는 부분입니다.

- 작품은 여러 개의 [오브젝트]로 만들어 집니다.

- 위의 [+] 버튼을 눌러서 오브젝트를 추가할 수 있습니다.

- 오브젝트를 목록에서 드래그하면 순서를 바꿀 수 있습니다.

- 목록의 가장 위에 있는 오브젝트가 실행 화면에서도 가장 위에 표시됩니다.

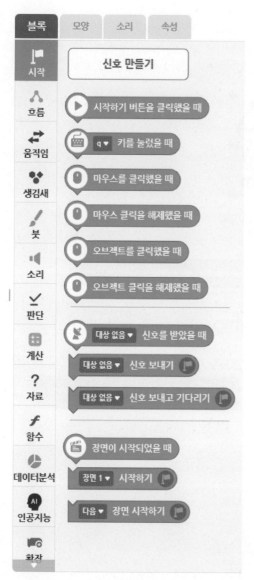

- [블록 꾸러미]에서 블록을 드래그해서 오른쪽의 블록 조립소에서 조립을 합니다.
- 카테고리마다 다양한 블록이 있습니다.
- 시작, 흐름, 움직임, 생김새, 붓, 소리, 판단, 계산, 자료, 함수, 데이터분석, 인공지능, 확장 등

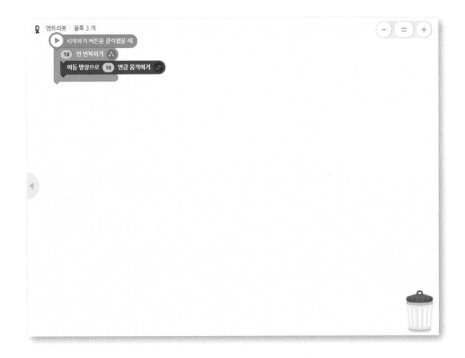

- 블록을 조립하는 이 곳을 [블록 조립소]라고 부릅니다.
- 블록 조립소는 오브젝트마다 따로 있습니다.

이 설명을 통해 엔트리를 시작하는 방법을 쉽게 이해할 수 있답니다. 이제 자녀와 함께 엔트리로 재미있는 코딩을 시작해보세요!

인공지능 영어 번역기 만들기

코딩맘의 도전 2: 엔트리로 만드는 우리 아이 AI 영어 공부

오늘도 평소와 다름없이 아이와 함께 엔트리 코딩을 하고 있었다. 3개월 전 시작한 코딩이 이제는 우리의 일상이 되었다. 그런데 갑자기 아이가 묻는다.

"엄마, 우리가 영어 숙제할 때 쓰는 번역기도 인공지능이래요. 우리도 만들 수 있을까요?"

순간 당황했지만, 이내 도전 의식이 생겼다. '그래, 해보자!'

인터넷을 뒤져보니 엔트리로도 간단한 인공지능 프로젝트를 만들 수 있다고 한다. 머신러닝이니, 딥러닝이니 하는 용어들이 눈에 들어왔다. 처음에는 모든 게 너무 어려워 보였다. 하지만 3개월 전 블록 코딩을 시작할 때의 나를 떠올리며 용기를 냈다.

"우리 함께 인공지능 영어 번역기를 만들어볼까?" 아이에게 제안했다. 아이의 눈이 반짝였다.

이제 우리의 목표는 명확해졌다. 간단한 한국어를 영어로 번역하는 프로그램을 만드는 것. 쉽지 않을 거란 건 알지만, 아이와 함께라면 할 수 있을 것 같다.

디지털 초보맘에서 시작해 이제는 인공지능에 도전하는 코딩맘이 되었다. 새로운 세상을 탐험하는 이 여정이 우리 가족에게 어떤 변화를 가져다줄지 기대된다.

자, 이제 시작해 볼까? 우리의 첫 번째 인공지능 프로젝트, 그 첫걸음을 내디딜 시간이다.

아이와 함께 인공지능 번역기 만들기

아이들에게 코딩과 인공지능을 가르치고 싶지만 어려워 보이셨나요? 걱정하지 마세요! 이 장에서는 엔트리 블록 코딩을 활용해 누구나 쉽고 재미있게 인공지능 영어 번역기를 만드는 과정을 소개합니다.

우리 아이들은 디지털 네이티브 세대로 태어나, 스마트폰과 컴퓨터를 자연스럽게 다룹니다. 이러한 디지털 환경에 맞춰 아이들에게 코딩과 인공지능의 기초 개념을 알려주는 것이 중요합니다.

이 장에서 만들 인공지능 영어 번역기는 누구나 흥미를 가지고 도전할 수 있는 프로젝트입니다. 블록을 하나씩 조립해 가며 번역기를 완성하는 과정은 마치 레고를 만드는 것처럼 재미있고 직관적입니다. 아이들은 이 과정에서 자연스럽게 코딩의 기본 개념을 익히고, 인공지능이 어떻게 동작하는지 이해하게 될 거예요.

그뿐만 아니라 인공지능 번역기 만들기는 아이들의 창의력과 문제해결 능력을 키워줍니다. 번역 결과를 분석하고 개선하는 과정에서 비판적 사고력도 기를 수 있습니다. 이는 미래 사회를 살아가야 하는 데 필수적인 역량이 될 것입니다.

자, 그럼 엔트리와 함께 인공지능 영어 번역기를 만들러 출발해 볼까요? 이 책을 따라 한 단계 한 단계 실습하다 보면 어느새 여러분의 아이들이 코딩과 인공지능으로 무장한 미래 인재로 성장해 있을 것입니다. 지금부터 아이와 함께 이 신나는 도전을 시작해 보세요!

① [오브젝트 추가하기] 선택

- [오브젝트 추가하기] 버튼을 클릭합니다.
- 오브젝트는 작품의 주인공으로, 다양한 캐릭터나 물체를 추가할 수 있습니다.

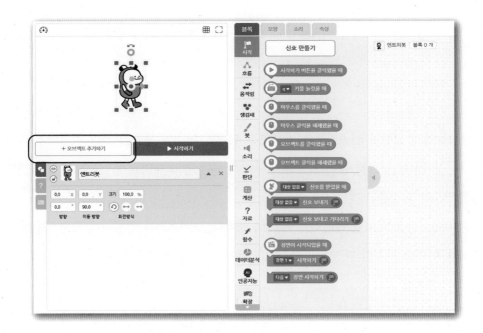

② [오브젝트 선택]-[동물]-[똑똑한 다람쥐] 선택

- [오브젝트 선택] 창에서 [동물] 카테고리를 클릭한 후, [똑똑한 다람쥐]를 선택합니다(또는 원하시는 오브젝트를 아무거나 선택하셔도 좋습니다!).
- 다람쥐 오브젝트를 추가하여 번역기를 사용할 주인공으로 설정합니다.

③ [오브젝트 선택]-[배경]-[거실] 선택 후 [추가하기]

- 다시 [오브젝트 선택] 창에서 [배경] 카테고리를 클릭하고, [거실] 배경을 선택한 후

[추가하기] 버튼을 클릭합니다.

- 작품에 배경을 추가하여 더 생동감 있게 만듭니다.

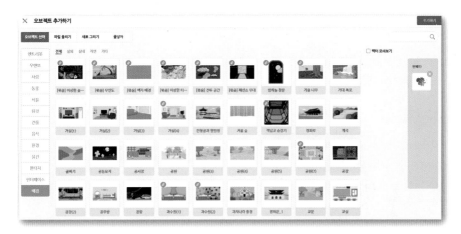

④ 추가된 오브젝트가 적용된 실행화면

- 추가된 오브젝트와 배경이 실행화면에 제대로 적용되었는지 확인합니다.

⑤ [블록 꾸러미]-[시작]-[오브젝트를 클릭했을 때] 블록을 [블록 조립소]로 드래그

- [블록 꾸러미]에서 [시작] 카테고리를 선택한 후, [오브젝트를 클릭했을 때] 블록을 드래그하여 [블록 조립소]에 옮겨 놓습니다.
- 이 블록은 [똑똑한 다람쥐]를 클릭했을 때 실행할 코드를 작성하는데 사용됩니다.

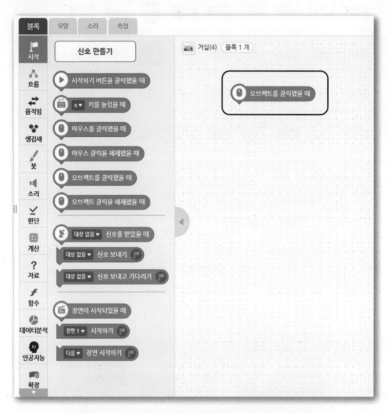

⑥ 인공지능 번역 기능을 활용하기 위해 [블록 꾸러미]-[인공지능]-[인공지능 불러오기] 선택

- [블록 꾸러미]에서 [인공지능] 카테고리를 선택합니다.
- 인공지능 기능을 사용하기 위해 필요한 블록입니다.

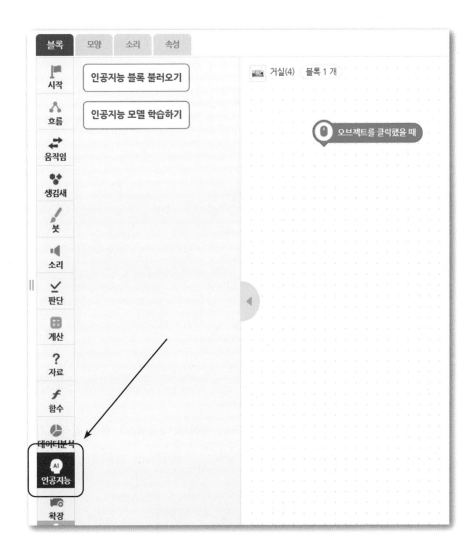

⑦ [인공지능 블록 불러오기]-[번역], [읽어주기], [음성인식] 불러오기

• [인공지능 블록 불러오기]를 통해 [번역], [읽어주기], [음성인식] 블록을 불러옵니다.

• 번역, 읽어주기, 음성인식 기능을 사용하여 번역기를 완성할 수 있습니다.

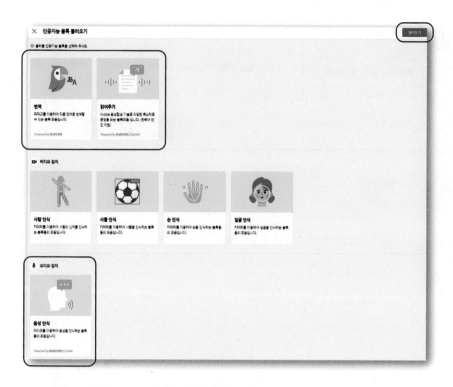

⑧ [번역], [읽어주기], [음성인식] 블록 꾸러미

• [번역], [읽어주기], [음성인식] 블록 꾸러미 창에 오디오 감지, 음성 인식, 읽어주기,
번역 등 다양한 블록을 불러왔습니다.

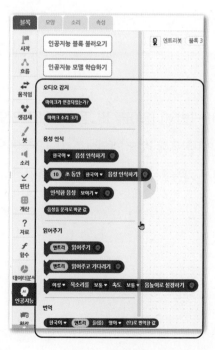

⑨ [인공지능]-[읽어주기]-[OO 목소리를 OO속도 OO 음높이로 설정하기] 블록 선택

- [인공지능] 카테고리에서 [읽어주기]에서 [OO 목소리를 OO 속도 OO 음높이로 설정하기]블록을 [블록 작업소]로 드래그해서 놓습니다.
- ['여성' 목소리를 '보통' 속도 '보통' 음높이로 설정하기]로 지정합니다.
- 이 블록은 사용자에게 번역된 내용을 읽어주는 기능입니다.

⑩ [흐름]-[계속 반복하기] 블록 선택

- [흐름]카테고리에서 [계속 반복하기] 블록을 선택하여 [블록 조립소]로 드래그해서 놓습니다.
- 번역 기능을 지속적으로 실행하기 위해 사용합니다.

⑪ [생김새]-[OO을(를) 말하기] 블록 선택

- [생김새] 카테고리에서 [OO을(를) 말하기] 블록을 선택하고, '한국어로 말해주세요!'를 입력합니다.
- 사용자가 한국어 문장을 말하도록 안내하는 역할을 합니다.

⑫ [인공지능]-[OO 읽어주고 기다리기] 블록 선택

- [인공지능] 카테고리에서 [OO 읽어주고 기다리기] 음성인식 블록을 드래그해서 놓습니다.
- 텍스트 입력란에 OO → '한국어로 말해주세요!'를 입력합니다.
- 사용자 음성을 인식하여 번역할 내용을 받아옵니다.

⑬ [인공지능]-[한국어 음성 인식하기]블록 선택

- [인공지능] 카테고리에서 [한국어 음성 인식하기] 블록을 [블록 작업소]로 드래그해서 놓습니다.
- 인공지능 기능으로 '한국어' 음성을 인식합니다(다른 나라 언어로 선택 가능).

⑭ [생김새]-[OO을(를) 말하기] 블록 선택

• [생김새] 카테고리에서 [OO을(를) 말하기] 블록을 추가하고, OO에 '번역이 완료되었습니다!'를 입력합니다.

⑮ [인공지능]-[OO 읽어주고 기다리기]

• [인공지능] 카테고리에서 [OO 읽어주고 기다리기] 블록을 [블록 조립소]로 드래그해서 놓습니다.

• OO에 '번역이 완료되었습니다!'를 입력합니다.

⑯ [생김새]-[OO을(를) 말하기] 블록 선택

- [생김새] 카테고리에서 [OO을(를) 말하기] 블록을 [블록 조립소]로 드래그해서 놓습니다.

⑰ 이전에 끌어온 [생김새]-[OO을(를) 말하기] 블록 '안녕'에 [인공지능]-['한국어' '엔트리'을(를) '영어'(으)로 번역한 값] 블록으로 값을 채웁니다.

⑱ ['한국어' '엔트리'을(를) '영어'(으)로 번역한 값] 블록 [엔트리] 값에 [인공지능]—[음성을
문자로 바꾼 값] 블록으로 채웁니다.

⑲ [인공지능]—[엔트리 읽어주기] 블록 선택

• [인공지능] 카테고리에서 [엔트리 읽어주기] 블록을 [블록 조립소]로 드래그해서 놓
습니다.

⑳ [엔트리 읽어주기] 블록에 [인공지능]-['한국어' 엔트리을(를) '영어'으(로) 번역한 값] 블록으로 채웁니다.

㉑ ['한국어' '엔트리'을(를) '영어'(으)로 번역한 값] 블록 [엔트리] 값에 [인공지능]-[음성을 문자로 바꾼 값] 블록으로 채웁니다.

㉒ [흐름]–[○○초 기다리기]블록 선택 후 '5'초 입력

- [흐름] 카테고리에서 [○○초 기다리기] 블록을 [블록 조립소]로 드래그해서 놓습니다.

㉓ [시작하기]를 클릭하여 인공지능 번역 프로그램 실행하기

- [시작하기] 버튼을 클릭하고, [똑똑한 다람쥐]를 클릭하여 인공지능 번역 프로그램
  을 실행합니다.

이 가이드를 통해 자녀와 함께 다양한 나라의 언어로 인공지능 언어 번역기를 재미있
게 만들어보세요!!

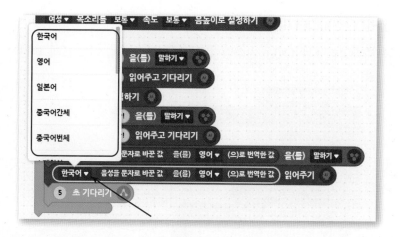

㉔ 완성작 URL: https://naver.me/IGJijcFs

㉕ 완성작 QR CODE

우리 가족 티셔츠 사이즈 추천받기

코딩맘의 도전 3: 엔트리로 풀어내는 가족 티셔츠 사이즈의 비밀

오늘 아침, 옷장을 열다가 한숨이 절로 나왔다. 작년에 산 티셔츠들이 아이들에겐 작아지고, 남편과 나에겐 왠지 타이트해 보인다. 시간이 흐를수록 우리 가족의 체형 변화가 눈에 띄게 달라지고 있다니!

친구 영희가 가족 티셔츠를 맞춰 입고 가을 나들이를 가자고 제안했다. 순간 머릿속이 복잡해졌다. 매번 가족 사이즈를 기억하는 것도 벅찬 요즘, 어떻게 해야 할까? 그러다 문득 지난달 배운 엔트리 코딩이 떠올랐다. '그래, 이걸 활용해볼까?'

우리 가족의 티셔츠 사이즈를 데이터로 분석하는 프로그램을 만들어 볼 수 있지 않을까? 엔트리로 공공데이터를 활용해 연령별, 체형별 티셔츠 사이즈 추천 시스템을 만들어 보면 어떨까?

설레는 마음으로 컴퓨터를 켰다. 키와 몸무게를 입력하면 자동으로 사이즈를 추천해주는 기능, 시간이 지나면서 변하는 체형을 그래프로 보여주는 기능, 심지어 온라인 쇼핑몰과 연동해서 딱 맞는 옷을 추천해주는 기능까지 상상해 본다.

새로운 도전 앞에 설렘과 기대가 가득하다. 데이터로 풀어내는 우리 가족의 성장 이야기, 지금 시작해 볼까? '안녕, 데이터야! 우리 가족의 사이즈 비밀을 풀어줘!'라고 외치면서 말이다.

공공데이터 분석 활용하기

　우리는 살아가면서 엄청난 양의 데이터를 접하고 있습니다. 하지만 단순히 데이터를 수집하는 것에서 그치는 것이 아니라, 이 데이터를 잘 다루고 분석하는 것이 무엇보다 중요해요.

　우리 아이들은 데이터로 가득 찬 세상에서 살아갈 것입니다. 미래 사회를 이끌어갈 우리 아이들에게 데이터 분석 능력은 필수적인 역량이 될 것입니다. 지금부터 아이들과 함께 데이터에 다가가는 방법을 배워보는 건 어떨까요?

　데이터 분석은 어렵고 복잡할 것 같지만, 사실 일상에서 작은 것부터 실천할 수 있습니다. 아이들이 좋아하는 캐릭터의 인기도를 그래프로 나타내 보거나, 가족의 취미생활 시간을 파이 차트로 시각화해 보는 것도 좋은 출발점이 될 수 있어요.

　이 장에서는 누구나 쉽게 접근할 수 있는 엔트리의 블록 코딩을 활용해 데이터 분석의 기초를 다져보려고 합니다. 데이터 수집부터 정제, 시각화까지 전 과정을 따라가다 보면 어느새 여러분도 데이터 분석가가 되어 있을 거예요.

　우리 아이들이 데이터를 잘 다루고, 삶에 유용하게 활용할 수 있도록 이끌어주는 것, 그것이 오늘날을 살아가는 부모가 갖춰야 할 중요한 역량이라고 생각합니다. 지금부터 아이들과 함께 데이터 분석의 즐거운 여정을 시작해 볼까요?

① [오브젝트 추가하기]-[배경], [캐릭터] 추가하기

　(* 이전 장 설명 참조)

- [배경]-[쇼룸] 선택, [사람]-[소녀⑵] 선택합니다.

② [소녀(2)] 오브젝트를 선택 후, [블록 꾸러미]에서 [시작]-[시작하기 버튼을 클릭했을
때] 블록을 [블록 조립소]에 드래그해서 놓습니다.

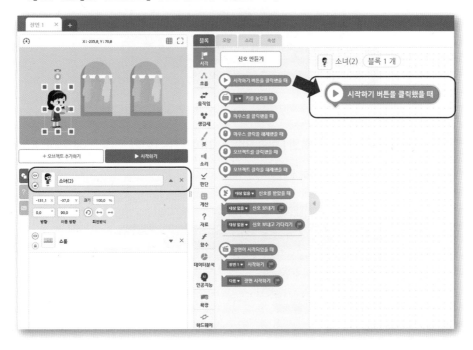

③ [인공지능]-[인공지능 블록 불러오기]-[읽어주기]를 불러옵니다.

④ [인공지능]-[○○ 읽어주기] 블록을 [블록 조립소]에 드래그해서 놓습니다. '○○'에 '우
리 가족 티셔츠 사이즈를 추천해주세요!'라고 텍스트를 입력합니다.

　[생김새]-[○○을(를) 말하기] 블록을 [블록 조립소]에 드래그해서 놓습니다. '○○'에 '우
리 가족 티셔츠 사이즈를 추천해주세요!'라고 텍스트를 입력합니다.

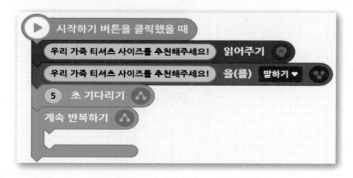

⑤ [흐름]-[2초 기다리기] 블록과 [계속 반복하기] 블록을 [블록 조립소]에 드래그해서 놓
습니다('2'초를 '5'초로 변경해줍니다).

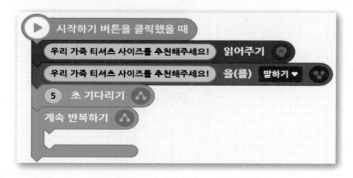

⑥ [인공지능]-[OO 읽어주기] 블록을 [계속 반복하기] 블록 안에 드래그해서 놓습니다.
'OO'에 '몸무게를 입력해주세요!'라고 텍스트를 입력합니다.

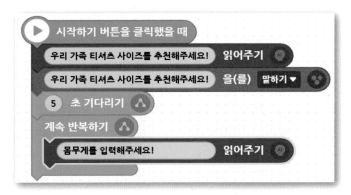

⑦ [자료]-[OO을(를) 묻고 대답 기다리기] 블록을 [블록 조립소]로 드래그해서 놓습니다.
'OO'에 '몸무게를 입력해주세요!'라고 텍스트를 입력합니다.

⑧ 데이터의 값을 저장하기 위해 몸무게와 키 '변수'를 만들어줍니다.

- [자료]-[변수 만들기]-[변수 추가하기]

⑨ [자료]-[○○를 ○○(으)로 정하기] 블록을 [블록 조립소]에 드래그해서 놓습니다. 첫 번째 '○○'을 '몸무게'로 선택 후, 두 번째 '○○'에 [대답] 블록을 드래그해서 넣습니다.

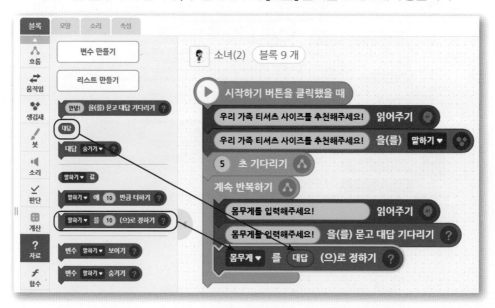

⑩ 6번, 7번, 9번 과정을 그대로 복제하여 '몸무게'를 모두 '키'로 변경해 줍니다.

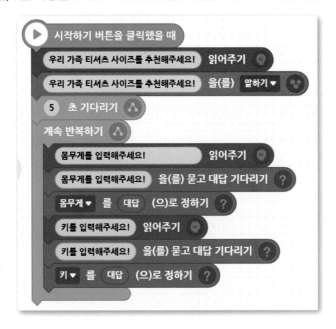

⑪ 몸무게와 키에 따른 티셔츠 사이즈 분류 모델을 불러오기 위해,

[데이터분석]-[테이블 불러오기]를 선택합니다.

⑫ [테이블 추가하기]를 눌러 필요한 테이블을 추가합니다.

★ 테이블을 추가하는 다양한 방법(택 1)

• '테이블 선택' 탭에서 엔트리가 제공하는 기본 테이블을 선택해 추가하는 방법(이번 실습에서 사용하는 방법)

• '파일 올리기' 탭에서 CSV, XLS(X) 파일을 직접 업로드해서 추가하는 방법

• '새로 만들기' 탭에서 빈 테이블을 추가하고 데이터를 직접 입력하는 방법

⑬ [테이블 선택] 탭에서 '티셔츠 사이즈 예시 데이터'를 선택 후 [추가하기]를 선택합니다.

⑭ 키, 몸무게, 사이즈의 데이터를 확인한 후에 [적용하기]를 선택합니다.

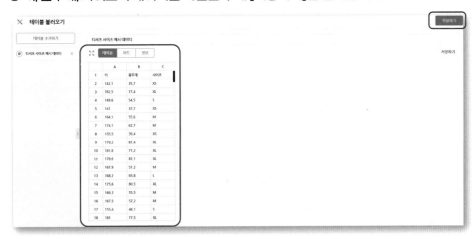

⑮ [블록 꾸러미]-[데이터분석]에 추가한 데이터 관련 블록들이 생성된 것을 볼 수 있습니다.

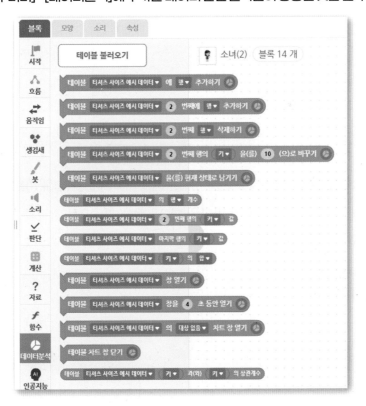

⑯ 불러온 데이터를 인공지능 학습시키기 위해, [인공지능]-[인공지능 모델 학습하기]를 선택합니다.

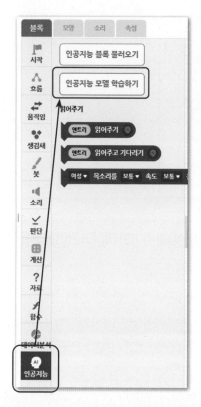

⑰ [학습할 모델 선택하기]-[새로 만들기]-[분류:숫자(kNN)]-[학습하기]를 선택합니다.

★ 테이블의 숫자 데이터를 가장 가까운 이웃(k개)을 기준으로 각각의 클래스로 분류 하는 모델을 학습합니다.

⑱ 분류 모델의 '이름'을 작성하고, 아래 그림과 같이 '데이터 입력', '클래스 속성'을 선택 후
[모델 학습하기]를 선택합니다.

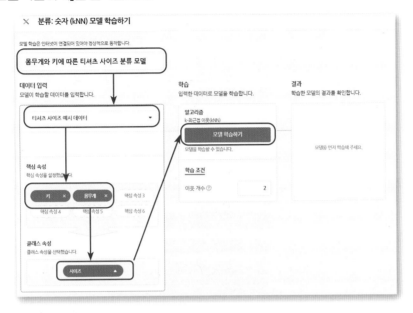

⑲ [모델 학습하기]가 완료되면 [결과]모드에서 학습한 모델의 결과를 테스트를 진행합니
다(직접 키와 몸무게를 입력하면, 티셔츠 사이즈가 추천되는 것을 확인할 수 있습니다).
테스트 결과가 확인이 끝나면, 상단에 [적용하기]를 선택합니다.

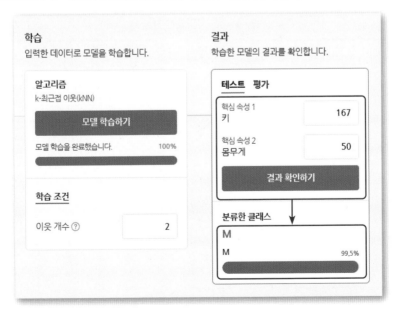

⑳ [블록 꾸러미]-[인공지능]에 [분류:숫자(kNN) 모델] 블록들이 생성되었습니다.

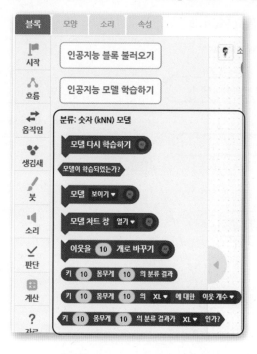

㉑ [자료]-[변수 만들기]-[사이즈], [말하기]-[변수 추가하기]

㉒ [자료]-[말하기를 10으(로) 정하기]블록을 [블록 조립소]에 드래그해서 놓습니다.

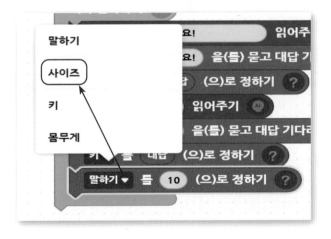

㉓ ㉒번에서 추가된 블록의 첫 번째 '말하기' 화살표를 선택 후, '사이즈'의 값으로 변경합니다.

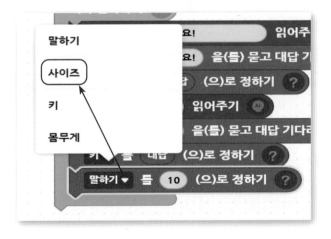

㉔ [인공지능]-[키 10 몸무게 10의 분류 결과] 블록을 22번에서 추가한 블록에 아래 그림 과 같이 블록을 드래그해서 놓습니다.

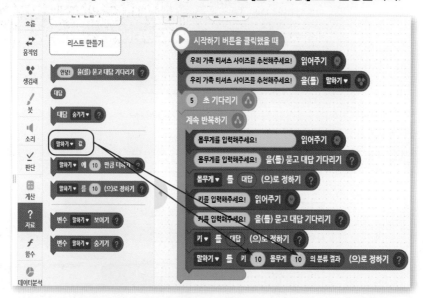

㉕ [자료]-[말하기 값] 블록을 아래 그림과 같이 두 개의 영역에 드래그해서 놓습니다. 그 다음 첫 번째 값을 [키 값]으로 선택, 두 번째 값을 [몸무게 값]으로 변경합니다.

㉖ [생김새]-[안녕!을(를) 말하기] 블록을 [블록 조립소]에 드래그해서 놓습니다.

㉗ [계산]–[안녕!과(와) 엔트리을(를) 합친 값] 블록을 ㉖번에서 추가한 블록 [안녕!]에 드래 그해서 놓습니다.

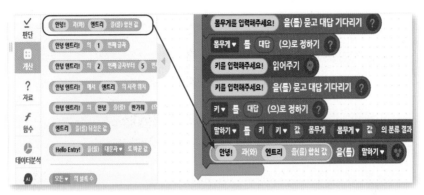

㉘ [안녕] 입력창에 [추천하는 티셔츠 사이즈는] 텍스트를 아래 그림과 같이 입력합니다.

㉙ [계산]–[안녕과(와) 엔트리을(를) 합친 값] 블록을 ㉗번에서 추가한 블록 두 번째 값에 드 래그해서 놓습니다.

㉚ ㉙번에서 추가한 첫 번째 값에 [자료]–[사이즈 값] 블록을 드래그해서 놓습니다. [사이 즈 값]을 [말하기 값]으로 변경합니다. 그리고 두 번째 값에 '입니다.'라는 텍스트를 입력 합니다.

㉛ [인공지능]-[엔트리 읽어주기] 블록을 드래그해서 놓습니다.

블록 첫 번째 값인 '엔트리'에 '추천하는 티셔츠 사이즈는' 텍스트를 입력합니다.

㉜ [계산]-[안녕!과(와) 엔트리을(를) 합친 값] 블록을 ㉛번에서 추가한 블록 [안녕!]에 드래그해서 놓습니다.

㉝ [안녕] 입력창에 [추천하는 티셔츠 사이즈는] 텍스트를 아래 그림과 같이 입력합니다.

㉞ [계산]-[안녕과(와) 엔트리을(를) 합친 값] 블록을 ㉜번에서 추가한 블록 두 번째 값에 드래그해서 놓습니다.

㉟ ㉞번에서 추가한 첫 번째 값에 [자료]-[사이즈 값] 블록을 드래그해서 놓습니다. [사이즈 값]을 [말하기 값]으로 변경합니다. 그리고 두 번째 값에 '입니다.'라는 텍스트를 입력합니다.

㊱ [흐름]-[2초 기다리기] 블록을 드래그해서 옮긴 후 '2'초를 '5'초로 값을 변경합니다.

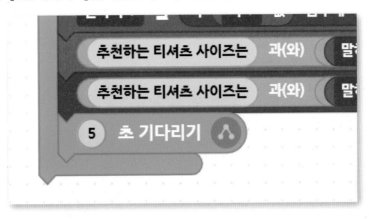

㊲ 완성된 코드를 살펴보겠습니다.

시작하기 버튼을 클릭했을 때
우리 가족 티셔츠 사이즈를 추천해주세요! 읽어주기
우리 가족 티셔츠 사이즈를 추천해주세요! 을(를) 말하기▼
5 초 기다리기
계속 반복하기
    몸무게를 입력해주세요! 읽어주기
    몸무게를 입력해주세요! 을(를) 묻고 대답 기다리기
    몸무게▼ 를 대답 (으)로 정하기
    키를 입력해주세요! 읽어주기
    키를 입력해주세요! 을(를) 묻고 대답 기다리기
    키▼ 를 대답 (으)로 정하기
    말하기▼ 를 키 키▼ 값 몸무게 몸무게▼ 값 의 분류 결과 (으)로 정하기
    추천하는 티셔츠 사이즈는 과(와) 말하기▼ 값 과(와) 입니다. 을(를) 합친 값 을(를) 합친 값 을(를) 말하기▼
    추천하는 티셔츠 사이즈는 과(와) 말하기▼ 값 과(와) 입니다. 을(를) 합친 값 을(를) 합친 값 읽어주기
    5 초 기다리기

㊳ 이번엔 완성된 장면을 살펴보겠습니다.

㊴ 장면에 추가된 아이콘들을 적절하게 배치한 뒤에 완성된 작품을 실습해보세요!

★ [시작하기] 선택하기

㊵ 완성작 URL: https://naver.me/FQVaLzfa

㊶ 완성작 QR CODE

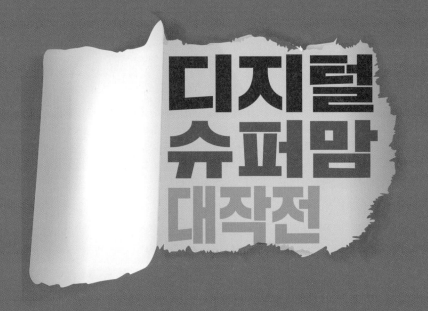

디지털 슈퍼맘, 미래교육의 주인되기

1. 2022 개정 교육과정과 고교학점제 이해하기

우리나라 교육계에 큰 변화의 바람이 불고 있습니다. 바로 '2022 개정 교육과정'과 '고교학점제'의 도입입니다. 이 두 가지 변화는 우리 아이들의 학교생활과 미래에 큰 영향을 미칠 것입니다. 이러한 변화가 무엇을 의미하는지, 그리고 우리 아이들과 학부모님들에게 어떤 준비가 필요한지 함께 알아보도록 하겠습니다.

먼저, '2022 개정 교육과정'에 대해 이야기해 봅시다. 교육과정이란 학교에서 무엇을 어떻게 가르칠 것인지를 정한 국가 수준의 기준입니다. 우리나라는 사회 변화에 맞춰 주기적으로 교육과정을 개정하고 있는데, 이번에 2022년에 확정된 새로운 교육과정을 '2022 개정 교육과정'이라고 부릅니다.

이 새로운 교육과정은 단계적으로 적용됩니다. 초등학교는 2024년부터 1, 2학년 교과서가 바뀌고, 2025년에 3, 4학년, 2026년에 5, 6학년의 교과서가 바뀝니다. 중학교와 고등학교는 2025년부터 1학년, 2026년에 2학년, 2027년에 3학년 교과서가 바뀝니다. 즉, 지금 초등학교 저학년인 아이들이 고등학교에 갈 무렵 새 교육과정이 완전히 자리 잡게 되는 것입니다.

2022 개정 교육과정의 가장 큰 특징은 미래 사회의 변화에 대응하는 능력을 키우는 데 중점을 둔다는 것입니다. 인공지능 기술의 발전, 기후 변화, 감염병의 대유행 등 우리 사회가 직면한 새로운 도전에 대비하여 학생들의 역량을 키우고자 합니다.

이를 위해 교육과정은 네 가지 인간상을 제시하고 있습니다. '자기주도적인 사람', '창의적인 사람', '교양 있는 사람', '더불어 사는 사람'입니다. 또한 여섯 가지 핵심역량도 강조하고 있는데, 이는 '자기관리 역량', '지식정보처리 역량', '창의적 사고 역량', '심미적 감성 역량', '협력적 소통 역량', '공동체 역량'입니다. 이러한 역량들은 미래 사회에서 우리 아이들이 성공적으로 살아가는 데 필요한 핵심 능력들입니다.

2022 개정 교육과정에서는 교과 영역 구분도 변경되었습니다. 기존의 기초, 탐구, 체육·예술, 생활·교양이라는 네 가지 영역 구분이 사라지고, 대신 교과(군)의 최상위 구분 기준이 되었습니다. 특히 4차 산업혁명에 대응하기 위해 '정보' 과목이 독립된 교과(군)로 승격되었고, 관련 과목도 늘어났습니다.

이제 '고교학점제'에 대해 더 자세히 알아보겠습니다. 고교학점제는 2025학년도 고등학교 1학년부터 전면 적용됩니다. 이는 대학교처럼 학생들이 자신의 진로와 적성에 맞는 과목을 선택해서 들을 수 있게 되는 제도입니다.

현재의 고등학교 교육과정에서는 모든 학생이 거의 비슷한 과목을 듣지만, 고교학점제가 도입되면 학생들은 자신의 흥미와 진로에 따라 다양한 과목을 선택할 수 있게 됩니다. 예를 들어, 과학에 관심 있는 학생은 더 많은 과학 과목을, 예술에 관심 있는 학생은 더 많은 예술 과목을 선택할 수 있는 것입니다.

고교학점제에서는 학생들이 과목을 이수하고 일정 수준 이상의 성취를 거두면 학점을 받게 됩니다. 3년간 총 192학점을 이수해야 졸업할 수 있습니다. 또한, 한 학교에서 개설하기 어려운 과목은 다른 학교와 연계하여 들을 수 있고, 대학이나 직업훈련기관 등 학교 밖에서의 학습 경험도 학점으로 인정받을 수 있습니다.

이러한 변화는 학생들에게 더 많은 선택권과 책임감을 부여합니다. 학생들은 자신의 진로와 적성에 맞는 과목을 선택하고 학습할 수 있지만, 동시에 자신의 학습에 대해 더 큰 책임을 져야 합니다.

고교학점제의 도입을 위해 2022 개정 교육과정에서는 몇 가지 중요한 변화가 있었습니다. 기존에 학년 단위로 개설·운영되던 교과목이 학기 단위로 운영될 수 있게 되었고, 고등학교 3년간의 전체 이수 학점이 204단위에서 192학점으로 조정되었습니다. 또한 교과의 필수 이수 학점을 10학점 축소하고 자율 이수 학점을 확대하여 학생들의 과목 선택권을 넓혔습니다.

이러한 변화들은 우리 아이들에게 큰 기회가 될 수 있지만, 동시에 도전이 될 수도 있습니다. 따라서 학부모님들의 역할이 더욱 중요해집니다. 자녀의 적성과 흥미를 파악하고, 진로 탐색을 지원하며, 자기주도학습 능력을 기르도록 도와주는 것이 필요합니다. 또한 다양한 분야의 책을 읽거나 체험활동에 참여하게 하여 자녀의 시야를 넓혀주는 것도 좋은 방법입니다.

2022 개정 교육과정과 고교학점제는 우리 아이들이 미래 사회에 더 잘 대비할 수 있도록 돕는 중요한 변화입니다. 이러한 변화에 대해 이해하고 준비한다면, 우리 아이들은 자신의 적성과 흥미에 맞는 교육을 받으며 미래 사회의 주역으로 성장할 수 있을 것입니다. 학부모님들의 관심과 지원이 이 과정에서 매우 중요한 역할을 할 것입니다. 함께 노력한다면, 우리 아이들은 변화하는 세상 속에서 자신의 꿈을 향해 힘차게 나아갈 수 있을 것입니다.

2. 2028 대입제도의 변화
- 고교내신 5등급제와 통합형 수능시험

우리나라 교육계에 또 한 번의 큰 변화가 찾아옵니다. 2028년부터 적용될 새로운 대입 제도는 고교내신 5등급제와 통합형 수능을 주요 내용으로 삼고 있습니다. 이 변화가 우리 아이들의 학교생활과 미래에 어떤 영향을 미칠지, 그리고 학부모인 우리는 어떻게 대비해야 할지 함께 알아보도록 하겠습니다.

ⓥ 2028 대입제도 개편의 배경과 목적

먼저, 이번 대입제도 개편이 왜 필요한지 살펴봅시다. 현재의 대입제도는 학생들에게 과도한 경쟁과 스트레스를 주고 있다는 지적이 많았습니다. 또한, 암기 위주의 학습이 창의적이고 비판적인 사고력 발달을 저해한다는 우려도 있었죠.

여기에 2025년부터 고교학점제가 도입됨에 따라, 이에 맞는 새로운 평가 체계가 필요해졌습니다. 고교학점제는 학생들이 자신의 진로와 적성에 따라 다양한 과목을 선택해 공부할 수 있는 제도입니다. 이런 변화에 발맞춰 대입제도도 학생들의 다양한 학습 경험을 반영할 수 있어야 합니다.

새로운 대입제도의 핵심 목표는 '학생 중심의 교육과 평가'입니다. 학생들이 자신의 관심사와 재능을 발견하고 키울 수 있도록, 그리고 미래 사회에 필요한 역량을 기를 수 있도록 돕는 것이 이번 개편의 주요 방향입니다.

ⓥ 고교내신 5등급제 소개

고교내신 5등급제는 현행 9등급제를 대체하는 새로운 평가 체계입니다. 9등급제에서는 석차에 따라 1등급이 4%, 2등급 7%, 3등급 12%, 4등급 17%, 5등급 20%, 6등급 17%, 7등급 12%, 8등급 7%, 9등급 4%입니다. 5등급제에서는 석차에 따라서 1등급 10%, 2등급 24%, 3등급 32%, 4등급 24%, 5등급 10%입니다. 누적 비율로 본다면 기존 9등급제에서 1, 2등급을 받던 학생 중 10%가 1등급이 되고, 3등급과 4등급 일부인 34%까지 2등급, 5등급과 6등급의 일부인 66%까지 3등급이 되는 것입니다.

<고교 내신 9등급제와 5등급제 비교>

9등급제				5등급제		
등급	등급 비율	누적 비율		등급	등급 비율	누적 비율
1등급	4	4		1등급	10	10
2등급	7	11		2등급	24	34
3등급	12	23				
4등급	17	40	⇒	3등급	32	66
5등급	20	60				
6등급	17	77		4등급	24	90
7등급	12	89				
8등급	7	96		5등급	10	100
9등급	4	100				

이러한 변화의 목적은 학생들 간의 과도한 경쟁을 줄이고, 조금의 점수 차이로 등급이 바뀌는 상황을 완화하기 위함입니다. 또한, 학생들이 성적에 대한 부담을 덜고 다양한 활동에 참여할 수 있도록 하는 것도 중요한 목표입니다.

◈ 고교내신 5등급제가 학생들의 학교생활에 미치는 영향

5등급제의 도입으로 학생들의 학교생활이 어떻게 바뀔까요? 우선, 학업 스트레스가 줄어들 것으로 예상됩니다. 등급 간 간격이 넓어져 작은 점수 차이로 등급이 바뀌는 일이 줄어들기 때문입니다. 이는 학생들이 조금 더 여유를 가지고 공부할 수 있게 해줄 것입니다.

또한, 협력적 학습 문화가 조성될 수 있습니다. 극심한 경쟁 대신, 친구들과 함께 공부하고 서로 도우며 배우는 분위기가 만들어질 수 있죠. 이는 미래 사회에서 필요한 협업 능력을 기르는 데도 도움이 될 것입니다.

5등급제는 학생들이 다양한 교내 활동에 참여할 기회도 넓혀줄 것입니다. 성적에 대한 부담이 줄어들면서, 동아리 활동, 봉사활동, 진로 탐색 활동 등에 더 많은 시간과 노력을 기울일 수 있게 될 것입니다. 이를 통해 학생들은 자신의 적성과 흥미를 더 잘 파악하고, 진로를 탐색할 기회를 가질 수 있을 것입니다.

◈ 통합형 수능시험의 개요

2025년에 고등학교에 입학하는 학생들이 치르게 될 2028학년도 수학능력시험에 큰 변화가 있습니다. 고등학교 교육과정과 수능의 연계성을 높이기 위한 것이며, 공정하고 객관적인 평가를 통해 학생들에게 실력에 따른 평등한 기회를 제공하고자 하는 목표를 갖고 있습니다. 크게 네 가지의 변화가 있다고 할 수 있습니다.

첫째, 국어, 수학, 영어 영역은 앞으로 선택과목 없이 동일한 내용과 기준으로 평가됩니다. 특히 국어에는 화법과 언어, 독서와 작문, 문학이 포함되고, 수학에는 대수, 미적분 I, 확률과 통계가 반영되며, 영어는 영어 I · II가 출제 범위에 해당됩니다. 이는 일반적으로 모든 학생이 공부하는 주요 과목 위주로 출제될 것입니다. 고등학교 교육과정 중에서 수업 기준으로 8과목에 해당하며, 고등학교에서 일반적으로 개설되고 분야별 주요 내용을 다루는 과목 위주로 출제되며, 현행 수능과 학습량은 동일하게 설정됩니다. 둘째, 사회와 과학탐구 영역에서 큰 변화가 있습니다. 앞으로 모든 응시자는 선택과목 없이 전반적인 사회와 과학 내용을 다루는 '통합사회'와 '통합과학'에 동일하게 응시하게 됩니다. 이를 통해 지식의 깊이뿐만 아니라 넓이와 융합적 사고 능력도 중요시하는 평가로 전환됩니다. 셋째, 직업탐구 영역은 유지하되, 모든 전공에 공통인 '성공적인 직업생활'을 중심으로 출제될 예정입니다. 넷째, 한국사와 제2외국어/한문의 경우에는 교육과정에 따라 출제되는 과목이 조정될 예정입니다.

전체적으로 영역별 평가 방식 및 성적 제공 방식은 학생들의 안정성을 위해 현행 그대로 유지됩니다. 학교의 교과서 선택에 따른 유불리를 해소하고, 교육과정과 연계된 수능 출제 관리, 사교육 경감을 위해서 EBS와의 연계도 변함없이 지속됩니다. 50%의 간접 연계 방식을 통해, 연계 체감도가 높은 출제로 학생들이 공교육 및 EBS 중심으로 수능 준비를 할 수 있도록 지원될 것입니다.

ⓥ 통합형 수능시험이 학생들의 학습에 미치는 영향

통합형 수능의 도입은 학생들의 학습 방식에 큰 변화를 불러올 것입니다. 우선, 교과 간 융합적 사고력이 크게 향상될 것으로 예상됩니다. 한 가지 문제를 해결하기 위해 여러 교과의 지식을 연결하고 활용하는 능력이 필요해지기 때문입니다.

실생활 문제 해결 능력도 크게 발달할 것입니다. 교과서 속 지식을 실제 상황에 적용하고, 복잡한 문제를 분석하여 해결책을 찾는 과정을 통해 학생들은 실질적인 문제 해결 능력을 기를 수 있을 것입니다.

또한, 암기식 학습에서 벗어나 종합적 사고력을 키우는 학습으로 전환될 것입니다. 단순히 정보를 외우는 것이 아니라, 정보를 이해하고 연결하며 새로운 상황에 적용하는 능력이 중요해질 것입니다.

ⓥ 새로운 대입제도에 대한 대비 전략

이러한 변화에 대비하기 위해 학생들은 어떻게 준비해야 할까요? 첫째, 자기주도적 학습 능력을 강화해야 합니다. 스스로 학습 계획을 세우고, 필요한 정보를 찾아 학습하며, 자신의 학습 과정을 점검하고 개선하는 능력이 중요해질 것입니다.

둘째, 다양한 교내 활동에 적극적으로 참여해야 합니다. 동아리 활동, 봉사활동, 진로 탐색 활동 등을 통해 자신의 관심사를 발견하고 다양한 경험을 쌓는 것이 중요합니다.

셋째, 융합적 사고력과 문제 해결 능력을 기르는 학습 방법을 익혀야 합니다. 여러 교과의 내용을 연결 지어 생각해 보고, 실생활의 문제들을 교과 지식을 활용해 해결해 보는 연습이 도움이 될 것입니다.

◉ 학부모의 역할과 지원 방안

새로운 대입제도하에서 학부모의 역할도 중요합니다. 우선, 자녀의 적성과 진로 탐색을 지원해 주어야 합니다. 자녀가 다양한 경험을 할 수 있도록 격려하고, 자신의 흥미와 재능을 발견할 수 있도록 도와주세요.

균형 잡힌 학습과 활동을 위한 조언도 필요합니다. 공부만 강조하기보다는 다양한 활동과 경험의 중요성을 이해시키고, 시간 관리의 중요성을 알려주세요.

새로운 평가 체계에 대해 이해하고, 이에 대해 자녀와 소통하는 것도 중요합니다. 변화하는 교육 환경에 대해 함께 이야기를 나누며, 자녀가 겪을 수 있는 어려움이나 불안감을 이해하고 지지해 주세요.

2028 대입제도 개편은 학생 중심의 교육으로 패러다임을 전환하는 중요한 변화입니다. 이를 통해 미래 사회가 요구하는 창의적이고 융합적인 사고력을 갖춘 인재를 양성하고자 하는 것이 이번 개편의 핵심 목표입니다.

이러한 변화가 성공적으로 안착하기 위해서는 학부모와 학생, 그리고 교육계 전반의 협력적 노력이 필요합니다. 새로운 제도에 대한 이해와 적응, 그리고 지속적인 개선을 위해 모두가 힘을 모아야 할 것입니다.

우리 아이들이 이러한 변화 속에서 자신의 꿈과 재능을 마음껏 펼칠 수 있기를 바랍니다. 그리고 우리 학부모들이 이 과정에서 든든한 지원자이자 조력자가 되어줄 수 있기를 희망합니다. 함께 노력한다면, 우리 아이들은 변화하는 세상 속에서 더욱 빛나는 미래를 만들어갈 수 있을 것입니다.

3. AI 디지털교과서 이해하기

우리 아이들의 교육에 큰 변화의 바람이 불고 있습니다. 바로 'AI 디지털교과서'의 도입입니다. 2025년부터 우리나라 학교에서 사용될 이 새로운 교과서는 단순한 디지털화를 넘어, 인공지능(AI) 기술을 활용해 각 학생에게 맞춤형 학습 경험을 제공하는 혁신적인 도구입니다. 이 변화가 우리 아이들에게 어떤 의미를 갖는지, 그리고 우리 부모들은 어떻게 준비해야 할지 함께 자세히 알아보도록 하겠습니다.

AI 디지털교과서란 무엇일까요? 간단히 말해, 학생 개개인의 학습 수준과 속도에 맞춰 최적화된 학습 내용을 제공하는 '똑똑한' 교과서입니다. 기존의 교과서가 모든 학생에게 같은 내용을 같은 순서로 제공했다면, AI 디지털교과서는 각 학생의 이해도와 진도에 따라 내용을 조정하고 추가 학습 자료를 제공합니다. 예를 들어, 수학을 어려워하는 학생에게는 더 쉬

운 설명과 많은 예제를, 빠르게 이해하는 학생에게는 더 심화된 내용을 제공할 수 있습니다. 마치 학생마다 개인 과외 선생님이 있는 것과 같은 효과를 낼 수 있는 것이죠.

AI 디지털교과서의 주요 특징을 자세히 살펴보겠습니다. 먼저, AI가 학생의 학습 과정을 지속적으로 관찰하고 분석합니다. 어떤 부분을 잘 이해하고 있는지, 어디서 어려움을 겪는지를 세밀하게 파악합니다. 예를 들어, 수학 문제를 풀 때 어떤 유형의 문제에서 실수가 많이 발생하는지, 어떤 개념을 이해하는 데 시간이 더 오래 걸리는지 등을 분석할 수 있습니다. 이러한 분석 결과를 바탕으로 각 학생에게 가장 적합한 학습 내용과 방법을 제시합니다. 예를 들어, 분수 개념을 이해하는 데 어려움을 겪는 학생에게는 더 많은

시각적 자료와 단계별 설명을 제공하고, 이미 잘 이해하고 있는 학생에게는 더 복잡한 분수 문제나 관련된 심화 개념을 소개할 수 있습니다.

또한, AI 디지털교과서에는 24시간 대기하고 있는 AI 튜터가 있어 학생들의 질문에 답하고, 추가 설명을 제공합니다. 예를 들어, 밤늦게 숙제하다가 모르는 부분이 생겼을 때, AI 튜터에게 질문하면 즉시 답변을 받을 수 있습니다. 이 AI 튜터는 학생의 이전 학습 기록을 바탕으로 가장 이해하기 쉬운 방식을 통해 설명을 제공합니다.

AI 디지털교과서는 학생들의 학습 상황을 실시간으로 교사와 학부모에게 알려주는 기능도 있습니다. 이를 통해 빠른 개입과 지원이 가능해집니다. 예를 들어, 특정 개념을 이해하는 데 어려움을 겪고 있는 학생이 있다면, 교사는 이를 즉시 알 수 있고 추가적인 지원을 제공할 수 있습니다. 학부모도 자녀의 학습 진행 상황을 실시간으로 확인할 수 있어, 필요할 때 적절한 도움을 줄 수 있습니다.

마지막으로, AI 디지털교과서는 텍스트뿐만 아니라 동영상, 애니메이션, 가상현실(VR) 등 다양한 형태의 학습 자료를 제공합니다. 예를 들어, 역사 수업에서 고대 로마의 모습을 3D로 재현한 가상현실 영상을 통해 학습할 수 있고, 과학 수업에서는 복잡한 화학 반응을 애니메이션으로 시각화하여 이해를 돕습니다.

이러한 AI 디지털교과서는 2025년부터 단계적으로 도입될 예정입니다. 2025년에는 초등학교 3, 4학년과 중학교 1학년, 고등학교 1학년의 수학, 영어, 정보, 국어(특수교육) 교과에 우선 적용됩니다. 이후 국어, 사회, 과학, 기술·가정 등의 교과로 확대될 것입니다. 이렇게 단계적으로 도입함으로써, 새로운 시스템에 대한 적응과 개선이 가능할 것입니다.

AI 디지털교과서의 도입은 우리 아이들의 학습 경험을 크게 변화시킬 것입니다. 각 학생의 학습 속도와 스타일에 맞춘 교육이 가능해져 학생들의 자신감을 높이고, 학습 효율성을 극대화할 수 있습니다. AI 튜터의 도움을 받아 스스로 학습을 계획하고 진행할 수 있게 되어 미래 사회에서 꼭 필요한 자기주도적 학습 능력을 기르는 데 큰 도움이 될 것입니다. 또한, 다양한 멀티미디어 자료와 인터랙티브한 학습 방식으로 학습에 대한 흥미와 몰입도가 높아질 수 있습니다. 학생들의 학습 데이터를 바탕으로 더 효과적인 교육 방법을 개발하고 적용할 수 있게 되어, 데이터 기반의 교육이 가능해집니다. 교사의 역할도 변화하여, 단순한 지식 전달자가 아닌 학생들의 학습을 관리하고 조율하는 퍼실리테이터로서의 역할이 강화될 것입니다.

우리 부모들은 이러한 변화에 어떻게 대비해야 할까요? 먼저, AI 디지털교과서에 대한 이해를 높이는 것이 중요합니다. 학교나 교육청에서 제공하는 관련 정보와 교육에 적극적으로 참여해 주세요. AI 디지털교과서의 기능과 활용 방법을 숙지하면, 자녀의 학습을 더 효과적으로 지원할 수 있습니다.

자녀와 함께 디지털 리터러시를 키워나가는 것도 좋습니다. 디지털 기기를 단순히 오락의 도구가 아닌 학습의 도구로 활용하는 방법을 알려주세요. 또한, 온라인 정보의 신뢰성을 판단하는 방법, 개인정보 보호의 중요성 등도 함께 학습하면 좋습니다.

자녀의 학습 상황에 대해 더 자주, 더 깊이 있게 소통해 주세요. AI 디지털교과서가 제공하는 학습 데이터를 바탕으로 자녀의 학습 상황을 더 잘 이해하고 지원할 수 있습니다. 예를 들어, "오늘 수학 시간에 어떤 내용을 배웠니? AI 튜터가 도움이 되었어?"와 같은 질문으로 대화를 시작할 수 있습니다.

그러나 여전히 오프라인에서의 다양한 경험도 중요하다는 것을 잊지 마세요. 책 읽기, 야외 활동, 친구들과의 놀이 등 균형 잡힌 활동을 장려해 주세요. 이는 전인적 성장을 위해 매우 중요합니다.

가정에서 AI 디지털교과서를 효과적으로 활용할 수 있는 환경을 만들어 주세요. 적절한 조명, 편안한 자세를 유지할 수 있는 책상과 의자, 그리고 필요한 디지털 기기를 준비해 주세요. 새로운 학습 방식에 적응하는 과정에서 자녀가 겪을 수 있는 어려움에 귀 기울이고, 지속적인 격려와 지지를 보내주는 것도 잊지 마세요.

AI 디지털교과서의 도입은 우리 교육의 새로운 장을 열 것입니다. 이 변화가 우리 아이들에게 더 나은 학습 경험을 제공하고, 미래 사회에 필요한 역량을 기르는 데 도움이 되기를 바랍니다. 우리 부모들이 이 변화를 이해하고 적극적으로 대응한다면, 우리 아이들은 AI와 함께 성장하며 더 밝은 미래를 맞이할 수 있을 것입니다.

AI 디지털교과서는 단순한 학습 도구의 변화가 아닌, 교육 패러다임의 전환을 의미합니다. 이는 우리 아이들이 미래 사회에서 필요로 하는 역량을 기르는 데 큰 도움이 될 것입니다. 하지만 동시에 이 새로운 도구를 어떻게 활용하느냐에 따라 그 효과는 크게 달라질 수 있습니다. 따라서 우리 부모님들의 관심과 지원이 그 어느 때보다 중요합니다. 함께 노력한다면, 우리 아이들은 이 새로운 교육 환경에서 더 창의적이고 자기주도적인 학습자로 성장할 수 있을 것입니다.

4. 디지털 교육의 오해와 진실

디지털 기술의 발전은 우리 사회 전반에 큰 변화를 불러왔고, 교육 분야도 예외는 아닙니다. 디지털 전환은 교육의 방식과 내용, 그리고 학습 경험 전반을 변화시키고 있습니다. 이러한 변화가 우리 자녀들의 교육에 어떤 영향을 미치는지 살펴보겠습니다.

많은 학부모님이 디지털 교육에 대해 걱정하시는 것이 당연합니다. 새로운 것은 언제나 불안함을 동반하기 마련이니까요. 하지만 우리가 흔히 갖고 있는 디지털 교육에 대한 오해들을 하나씩 살펴보면, 실제로는 우리 아이들에게 많은 혜택을 줄 수 있다는 것을 알 수 있습니다.

⌄ 오해 1: "디지털 기기 사용이 아이들의 집중력을 저하한다."

먼저, "디지털 기기 사용이 아이들의 집중력을 저하한다."는 오해에 관해 이야기해 보겠습니다. 많은 부모님이 아이가 스마트폰이나 태블릿을 보면 다른 것에 집중하지 못할까 봐 걱정하십니다. 텔레비전을 보며 자란 우리 세대도 그런 걱정을 들었던 것 같네요. 하지만 실제로는 그렇지 않습니다. 오히려 잘 설계된 디지털 학습 환경은 아이들의 참여

도와 집중력을 높일 수 있습니다. 어떻게 그럴 수 있을까요?

예를 들어, 트라이디스(trythis)나 퀴즈앤(quizn)이라는 플랫폼을 생각해 봅시다. 트라이디스 플랫폼은 온라인과 오프라인 수업을 혼합한 블렌디드 수업 환경에서 사용됩니다. 선생님은 이 플랫폼을 통해 수업 활동을 안내하고, 학생들의 과제물을

수합하며, 심지어 평가까지 할 수 있습니다. 그리고 퀴즈앤 플랫폼을 통해 자신의 학습 진도를 실시간으로 확인할 수 있고, 게임처럼 재미있게 학습에 참여할 수 있습니다.

이런 방식의 학습을 '게이미피케이션'이라고 부릅니다. 게임의 요소를 교육에 접목하는 거죠. 2015년에 발표된 한 연구에 따르면, 이런 게이미피케이션은 학생들의 참여도와 학습 동기를 크게 향상시킨다고 합니다. 아이들이 좋아하는 게임의 요소를 학습에 도입하니, 더 집중해서 공부하게 되는 것이죠.

⊽ 오해 2: "디지털 교육은 교사의 역할을 축소한다."

다음으로, "디지털 교육은 교사의 역할을 축소한다."는 오해에 관해 이야기해 보겠습니다. 컴퓨터나 인공지능이 선생님을 대신하게 되면, 선생님들의 역할이 줄어들지 않을까 걱정하는 분들이 계십니다. 하지만 실제로는 정반대입니다. 디지털 교육 환경에서 교사의 역할은 오히려 더 중요해집니다. 어떻게 그럴 수 있을까요?

디지털 도구는 선생님을 대체하는 것이 아니라, 선생님이 더 효과적으로 학생들을 가르칠 수 있게 도와줍니다. 예를 들어, AI 기반 학습 분석 도구를 사용하면 선생님은 각 학생의 학습 진도와 어려움을 더 정확히 파악할 수 있습니다. 이를 통해 선생님은 각 학생에게 맞춤형 지도를 할 수 있게 되는 것이죠.

e학습터라는 플랫폼을 예로 들어볼까요? 이 플랫폼을 통해 선생님은 학생들의 학습 활동과 성과를 실시간으로 확인할 수 있습니다. 그리고 이 정보를 학부모님과도 공유할 수 있죠. 이렇게 되면 선생님, 학생, 학부모가 모두 함께 학습 과정을 지원할 수 있게 됩니다.

2014년 스탠포드 대학의 한 연구에서는 이런 점을 잘 보여줍니다. 이 연구에 따르면,

선생님들이 디지털 도구를 적절히 활용하도록 훈련받고 지원받았을 때, 학생들의 학습 성과가 크게 향상되었다고 합니다. 특히 이 연구는 기술이 선생님을 대체하는 것이 아니라, 선생님이 각 학생에게 더 많은 관심을 기울이고 개별화된 지도를 할 수 있게 돕는다는 점을 강조합니다.

결국, 디지털 교육 환경에서 선생님의 역할은 단순한 지식 전달자에서 학습 디자이너이자 멘토로 변화합니다. 선생님은 학생들이 고차원적 사고 능력을 키울 수 있도록 수업을 설계하고, 동시에 학생들의 정서적 발달을 지원하는 역할을 하게 되는 것이죠.

이처럼 디지털 교육에 대한 우리의 흔한 오해들은 실제와는 다른 경우가 많습니다. 물론 디지털 교육이 만능은 아닙니다. 하지만 잘 활용한다면 우리 아이들에게 더 풍부하고 효과적인 학습 경험을 제공할 수 있습니다.

우리가 부모로서 해야 할 일은 이런 변화를 이해하고, 아이들이 디지털 도구를 적절히 활용할 수 있도록 돕는 것입니다. 디지털 세상에서 아이들이 안전하게, 그리고 효과적으로 배울 수 있도록 지원해 주는 것이 우리의 역할이 되어야 할 것입니다. 함께 노력한다면, 우리 아이들은 디지털 시대의 주역으로 멋지게 성장해 나갈 수 있을 것입니다.

ⓥ 오해 3: "디지털 교육은 사회성 발달을 저해한다."

디지털 교육에 대한 오해 중 또 하나는 "디지털 교육이 아이들의 사회성 발달을 저해한다."는 것입니다. 온라인 학습이 늘어나면서 많은 부모님께서 아이들이 친구들과 직접 만나 상호작용을 할 기회가 줄어들지 않을까 걱정합니다. 이는 당연한 걱정이지만, 실제로는 그렇지 않다는 것을 알려드리고 싶습니다.

디지털 교육은 오히려 아이들에게 새로운 형태의 사회적 상호작용 기회를 제공합니다. 온라인 협업 도구와 소셜 러닝 플랫폼을 통해 학생들은 다양한 배경의 또래들과 소통하며 사회성을 기를 수 있습니다. 예를 들어, 화상 회의 도구를 활용한 그룹 프로젝트는 학생들의 협업 능력과 의사소통 기술을 크게 향상시킬 수 있습니다.

실제 사례를 들어볼까요? 각 시도 교육청이 주관하는 '공동교육과정'이라는 것이 있

습니다. 이 프로그램은 학교 간 경계
를 넘어 학생들이 다양한 과목을 수
강할 기회를 제공합니다. 예를 들어,
자기 학교에서 개설되지 않은 과목
을 온라인으로 수강할 수 있고, 이
과정에서 다른 지역의 학생들과 함
께 학습하고 소통할 수 있습니다.

이런 경험은 아이들에게 굉장히
소중합니다. 다양한 배경의 친구들
과 교류하며 서로의 관점을 이해하
고, 함께 문제를 해결해 나가는 과정에서 사회성과 의사소통 능력이 자연스럽게 발달하
게 됩니다. 또한 이는 미래 사회에서 꼭 필요한 온라인 협업 능력을 기르는 데에도 큰 도
움이 됩니다.

물론, 이것이 오프라인에서의 직접적인 상호작용을 완전히 대체할 수는 없습니다. 하
지만 디지털 교육이 제공하는 새로운 형태의 사회적 상호작용은 전통적인 방식을 보완
하고 확장하는 역할을 한다고 볼 수 있습니다.

ⓥ 오해 4: "AI 디지털교과서가 도입되면 서책형 교과서가 사라지나요?"

다음으로, "AI 디지털교과서가 도입되면 서책형 교과서가 사라지나요?"라는 질문에
관해 이야기해 보겠습니다. 이는 많은 학부모님들이 궁금해하시는 부분인데요, 결론부
터 말씀드리면 그렇지 않습니다.

AI 디지털교과서는 기존의 서책형 교과서를 대체하는 것이 아니라, 함께 사용되는 보
조 도구로 도입될 예정입니다. 즉, 학생들은 여전히 종이 교과서를 사용하면서, 상황에
따라 AI 디지털교과서를 함께 활용하게 될 것입니다.

AI 디지털교과서의 도입 계획을 좀 더 자세히 살펴보면, 2025년부터 단계적으로 도입

될 예정입니다. 처음에는 초등학교 3·4학년, 중학교 1학년, 고등학교 1학년을 대상으로, 영어, 수학, 정보, 그리고 특수교육 대상자를 위한 국어 과목부터 시작됩니다.

이렇게 단계적으로 도입하는 이유는 무엇일까요? 새로운 시스템이 안정적으로 정착할 수 있도록 하기 위함입니다. 또한 학생, 교사, 학부모 모두가 새로운 시스템에 적응할 시간을 갖고, 필요한 경우 개선 사항을 반영할 수 있도록 하기 위함이기도 합니다.

AI 디지털교과서와 서책형 교과서를 함께 사용하는 방식은 각각의 장점을 최대한 활용할 수 있게 해줍니다. 서책형 교과서는 학생들이 손으로 직접 메모하거나, 눈의 피로 없이 오랫동안 집중해서 공부할 수 있다는 장점이 있습니다. 반면 AI 디지털교과서는 개인화된 학습 경험과 실시간 피드백, 다양한 멀티미디어 자료 활용 등의 장점이 있죠.

이 두 가지를 적절히 병행하여 사용함으로써, 학생들은 더욱 풍부하고 효과적인 학습 경험을 할 수 있게 될 것입니다. 예를 들어, 서책형 교과서로 기본적인 내용을 학습한 후, AI 디지털교과서를 통해 개인의 학습 수준에 맞는 심화 학습을 할 수 있습니다. 또는 서책형 교과서의 내용을 보완하는 동영상이나 인터랙티브 콘텐츠를 AI 디지털교과서를 통해 제공받을 수 있겠죠.

결국, AI 디지털교과서의 도입은 기존 교육 방식을 완전히 대체하는 것이 아니라, 보완하고 강화하는 역할을 하게 될 것입니다. 이를 통해 우리 아이들은 전통적인 학습 방식의 장점과 첨단 기술의 혜택을 동시에 누리며 더욱 효과적으로 학습할 수 있게 될 것입니다.

우리 부모님들께서는 이러한 변화를 두려워하지 마시고, 오히려 아이들이 이 새로운 학습 도구를 잘 활용할 수 있도록 지원해 주시면 좋겠습니다. 아이들과 함께 AI 디지털교과서에 관해 이야기를 나누고, 어떻게 하면 이를 효과적으로 활용할 수 있

을지 함께 고민해 보는 것도 좋은 방법이 될 수 있습니다.

디지털 교육의 도입은 우리 교육 환경의 큰 변화를 의미하지만, 이는 동시에 아이들에게 새로운 기회이기도 합니다. 이 변화를 통해 우리 아이들이 미래 사회에 더욱 잘 준비된 인재로 성장할 수 있기를 기대해 봅니다.

5. 자녀의 디지털 학습 지원

디지털 시대를 살아가는 우리 자녀들의 학습을 효과적으로 지원하기 위해, 학부모님들이 실천할 방법들에 대해 자세히 알아보겠습니다. 이 방법들은 자녀의 디지털 리터러시를 향상시키고, 건강한 학습 습관을 형성하는 데 도움이 될 것입니다.

먼저, 적절한 디지털 학습 환경을 조성하는 것이 중요합니다. 집중할 수 있는 학습 공간을 마련해주세요. TV나 게임기가 없는 조용한 공간을 학습 전용으로 사용하면 자녀가 온라인 수업에 더 잘 집중할 수 있습니다. 예를 들어, 거실 한 켠에 작은 책상을 두고 그 주변을 파티션으로 둘러싸 '미니 학습실'을 만들어볼 수 있습니다.

눈 건강도 중요하게 고려해야 합니다. LED 스탠드를 활용하여 눈의 피로를 줄이고, 20분 학습 후 20초간 20피트(약 6미터) 떨어진 곳을 바라보는 '20-20-20 규칙'을 실천하도록 지도해주세요. 이는 장시간 화면을 보는 자녀의 눈 건강을 지키는 데 큰 도움이 됩니다.

바른 자세를 위해 높이 조절이 가능한 책상과 의자를 사용하는 것도 좋습니다. 자녀의 키에 맞춰 팔꿈치가 책상에 편하게 놓이고, 발이 바닥에 평평하게 닿는 높이로 조절해주세요. 올바른 자세는 장시간 학습 시 피로를 줄여주고 집중력을 높여줍니다.

다음으로, 디지털 리터러시 함양을 위한 지원 방법에 대해 알아보겠습니다. 비판적 사고 능력을 키우는 것이 중요합니다. 자녀와 함께 뉴스나 소셜 미디어의 게시물을 읽어보고, "이 정보의 출처는 어디일까?", "어떤 증거로 이 주장을 뒷받침하고 있을까?" 등의 질문을 통해 정보를 비판적으로 분석하는 습관을 길러줍니다. 예를 들어, 코로나19 관련 뉴스를 함께 읽어보고, 과학적 근거가 있는 정보인지, 단순한 루머인지 구분하는 연습을 해볼 수 있습니다.

온라인 정보 검증 연습도 중요합니다. 자녀가 학교 과제나 개인적 관심사에 대해 인터넷에서 정보를 찾을 때, 여러 출처를 비교해 보고 정보의 신뢰성을 함께 평가해 봅니다. 예를 들어, 환경 문제에 대해 조사할 때 정부 기관의 공식 웹사이트, 환경 단체의 보고서,

관련 분야 전문가의 블로그 등 다양한 출처의 정보를 비교해보는 것입니다.

디지털 예절 실천하기도 중요합니다. 가족 채팅방이나 온라인 게임에서 예의 바른 소통을 연습합니다. 예를 들어, 가족 채팅방에서 "안녕하세요", "감사합니다" 등의 인사말을 꼭 사용하도록 하고, 이모티콘의 적절한 사용법도 알려줍니다. 온라인에서도 상대방을 배려하는 말을 사용하는 것이 중요하다는 점을 강조해 주세요.

개인정보 보호 습관을 만드는 것도 필수입니다. 자녀의 소셜 미디어 계정 설정을 함께 검토하고, 어떤 정보를 공개해도 되고 어떤 정보는 비공개로 유지해야 하는지 대화를 해봅니다. 예를 들어, 프로필 사진은 공개해도 되지만 집 주소나 전화번호는 절대 공개하지 않도록 합니다. 또한, 강력한 비밀번호를 만드는 방법도 함께 연습해 보세요.

디지털 콘텐츠 제작 경험도 중요합니다. 가족 행사나 여행에 대한 디지털 앨범이나 영상을 자녀와 함께 만들어 봅니다. 이 과정에서 저작권, 초상권 등에 대해 자연스럽게 배울 수 있습니다. 예를 들어, 가족 여행 영상을 만들 때 배경 음악을 사용한다면 저작권 문제가 없는 음악을 선택해야 한다는 점을 설명해 줄 수 있습니다.

균형 잡힌 디지털 사용 습관을 형성하는 것도 중요합니다. 자녀와 대화를 통해 하루 중 디지털 기기 사용 가능 시간을 함께 정해 봅니다. 예를 들어, 숙제 후 1시간, 또는 저녁 식사 전 30분 등으로 약속을 정하고 타이머를 설정해 지키도록 합니다. 이렇게 함으로써 자녀 스스로 시간 관리 능력을 기르는 데 도움이 됩니다.

가족 활동 시간을 만드는 것도 좋습니다. 매주 '디지털 프리 데이'를 정해 가족이 함께 보드게임을 하거나, 공원을 산책하거나, 요리하는 등 디지털 기기 없이 즐길 수 있는 활동을 합니다. 이를 통해 가족 간 유대감을 강화하고 디지털 기기 없이도 즐겁게 지낼 수 있다는 것을 자녀에게 보여줄 수 있습니다.

디지털 기기 사용 구역을 설정하는 것도

도움이 됩니다. 집 안에 '디지털 프리 존'을 만들어 봅니다. 예를 들어, 식탁이나 거실을 디지털 기기 사용 금지 구역으로 정하고, 대신 침실이나 공부방에서만 사용하도록 합니다. 이는 특정 공간에서의 가족 간 대화와 교류를 촉진하고, 디지털 기기 사용을 특정 상황으로 제한하는 데 도움이 됩니다.

마지막으로, 자기주도적 학습 능력을 개발하는 것을 지원해 주세요. 일주일 단위로 자녀와 함께 학습 계획표를 만들어 봅니다. 학교 숙제, 독서, 자유 학습 시간 등을 자녀가 직접 계획하도록 하고, 부모님은 조언자 역할을 합니다. 계획을 세우고 실천하는 과정에서 시간 관리 능력과 자기 주도성을 기를 수 있습니다.

흥미 기반 학습을 장려하는 것도 중요합니다. 자녀의 관심사를 파악하고, 이와 연관된 학습 활동을 제안해 봅니다. 예를 들어, 동물을 좋아한다면 동물 관련 도서를 함께 읽거나, 근처 동물원 견학을 계획할 수 있습니다. 이를 통해 자녀는 학습에 대한 내재적 동기를 발견하고 자발적인 탐구 능력을 기를 수 있습니다.

자녀의 성취를 인정해 주는 것도 잊지 마세요. 자녀가 스스로 세운 학습 목표를 달성했을 때, 작은 것이라도 함께 축하해 줍니다. 예를 들어, 계획한 독서량을 채웠다면 좋아하는 간식을 사주거나, 특별한 가족 활동을 계획할 수 있습니다. 이는 자녀의 성취감을 높이고 지속적인 학습 동기를 부여합니다.

이러한 방법들을 통해 우리는 자녀의 디지털 학습을 효과적으로 지원하고, 건강하고 균형 잡힌 디지털 사용 습관을 형성하도록 도울 수 있습니다. 우리의 관심과 지원이 자녀의 디지털 시대 적응과 학습 성취에 큰 힘이 될 것입니다. 함께 노력하여 우리 자녀들이 디지털 시대의 주역으로 성장할 수 있도록 도와주시기를 바랍니다.

6. 학습 데이터를 활용한 자녀 교육

디지털 시대의 교육에서 데이터의 중요성은 날로 커지고 있습니다. 특히 자녀의 학습 과정을 이해하고 지원하는 데 있어 데이터 기반 접근은 새로운 패러다임을 제시하고 있습니다. 이 방식은 객관적인 평가를 통해 감정이나 주관적 인상에서 벗어나 자녀의 실제 성장을 정확히 파악할 수 있게 해줍니다. 또한, 개인화된 학습 지원을 가능케 하여 자녀의 고유한 학습 패턴, 강점, 약점에 맞춘 전략을 수립할 수 있습니다.

데이터 기반 접근의 큰 장점 중 하나는 시간에 따른 변화를 추적하여 장기적인 성장 곡선을 확인할 수 있다는 점입니다. 이를 바탕으로 더 효과적이고 구체적인 피드백을 제공할 수 있습니다. 예를 들어, 수학 과목에서 특정 단원의 이해도가 시간에 따라 어떻게 변화하는지, 혹은 영어 과목에서 말하기, 듣기, 읽기, 쓰기 능력이 각각 어떻게 발전하고 있는지를 명확히 볼 수 있습니다.

이러한 데이터를 활용하면 학습 전략을 최적화할 수 있습니다. 자녀가 어려워하는 부분을 정확히 파악하고, 그에 맞는 보충 학습을 제공할 수 있습니다. 또한, 잠재적인 문제를 조기에 발견하고 대응할 수 있어, 학습의 어려움이 누적되는 것을 방지할 수 있습니다.

데이터 기반 접근은 현실적이면서도 도전적인 목표 설정에도 도움이 됩니다. 자녀의 현재 수준과 성장 속도를 정확히 파악함으로써, 너무 쉽거나 너무 어려운 목표가 아닌, 적절한 수준의 도전적인 목표를 설정할 수 있습니다. 이는 자녀의 학습 동기를 유지하고 자신감을 키우는 데 중요한 역할을 합니다.

또한, 데이터 기반 접근은 학교와 가정 간의 연계를 강화하는 데도 큰 도움이 됩니다. 교사가 제공하는 학습 데이터를 바탕으로, 부모님들은 자녀의 학교생활과 학습 상황을 더 정확히 이해하고 지원할 수 있습니다. 이는 학교와 가정이 일관된 방향으로 자녀의 교육을 지원할 수 있게 해줍니다.

이제 구체적인 사례를 통해 데이터 기반 피드백 방법을 살펴보겠습니다. 먼저, 초등학교 수학 과목의 예를 들어보겠습니다.

이민호 학생(가상 학생)의 초등 수학 AI 디지털교과서 대시보드

이민호 학생(가상의 학생)의 AI 디지털교과서 대시보드를 보면, 100%의 학습 완료율과 86.9%의 문제 정답률을 보입니다. 이는 민호가 매우 성실하게 학습에 임하고 있으며, 전반적으로 좋은 성과를 내고 있음을 보여줍니다.

이런 데이터를 바탕으로, 부모님은 다음과 같은 피드백을 제공할 수 있습니다.

"민호야, 100% 학습 완료율을 보니 정말 열심히 공부하고 있구나. 특히 문제 풀기와 기타 영역에서 모두 100% 성취도를 보인 것은 정말 대단해. 기초부터 탄탄히 다지고 있다는 증거야. 다만, 문제 정답률이 86.9%인 점에 주목해 보자. 이미 매우 좋은 성과이지만, 조금 더 개선의 여지가 있어. 우리 함께 오답 4개를 살펴보며, 어떤 부분에서 실수했는지 이해하고 보완하는 시간을 가져볼까? 특히 [1차시]와 [2차시]에서 각각 한 문제씩 틀린 것 같은데, 이 부분들을 함께 복습해 보자. 네가 어려워하는 개념이 있는지 확인해 보고 싶어."

이어서 초등학교 영어 과목의 예를 살펴보겠습니다.

이민호 학생(가상 학생) 초등 영어 AI 디지털교과서 대시보드

민호의 영어 학습 데이터를 보면, 100%의 학습 완료율과 80.4%의 정답률을 보입니다. 이는 매우 좋은 성과입니다.

이에 대한 피드백은 다음과 같을 수 있습니다.

"민호야, 영어 공부도 정말 열심히 하고 있구나. 100% 학습 완료율은 네 성실함을 잘 보여주고 있어. 80.4%의 정답률도 아주 좋은 성과야. 39개의 문제 중 35개를 맞힌 거니까 영어 기초가 잘 잡혀가고 있다고 볼 수 있어. Lesson 7 'What Are You Doing?'에서 모든 섹션을 완벽하게 수행한 것, 특히 'Listen & Do' 부분의 우수한 결과는 정말 칭찬받을 만해. 다만, 우리가 함께 더 높은 목표를 향해 나아갈 수 있을 것 같아. 현재 80.4%인 정답률을 85% 이상으로 높이는 것을 새로운 목표로 삼아볼까? 특히 [2차시] Play Together! 부분에서 나온 오답들을 집중적으로 복습하면 큰 도움이 될 것 같아."

마지막으로, 중학교 정보(프로그래밍) 과목의 예를 살펴보겠습니다.

이민호 학생(가상 학생) 중등 정보(프로그래밍) AI 디지털교과서 대시보드

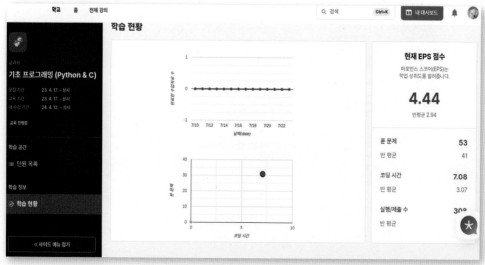

민호의 EPS(Elice Performance Score) 점수는 4.44로, 반 평균 2.94를 크게 웃돕니다. 이는 민호가 이 분야에서 탁월한 재능과 노력을 보이고 있음을 명확히 보여줍니다.

이에 대한 피드백은 다음과 같을 수 있습니다.

"민호야, 정보 과목에서 정말 놀라운 성과를 보여주고 있구나. EPS 점수 4.44는 반 평균을 크게 웃도는 수치야. 특히 53개의 문제를 해결하며 반 평균을 훌쩍 뛰어넘은 점, 7.08시간이라는 긴 시간을 코딩에 투자한 점이 정말 인상적이야. 이는 네가 프로그래밍에 깊은 관심과 집중력을 가지고 있다는 걸 보여주고 있어. Python과 C 언어를 동시에 학습하고 있다는 점도 대단해. 두 언어의 특성을 비교하며 학습하는 과정은 프로그래밍의 근본적인 개념을 더욱 깊이 이해하는 데 큰 도움이 될 거야.

하지만 현재 뛰어난 성과에 안주하지 말고 더 높은 목표를 향해 나아가면 좋겠어. 예를 들어, 실제 문제 해결에 프로그래밍을 적용해 보는 프로젝트 학습을 시도해 보는 건 어떨까? 이는 이론적 지식을 실전에 적용하는 능력을 기르는 데 큰 도움이 될 거야. 또한, 오픈 소스 프로젝트에 참여하거나 프로그래밍 대회에 도전해 보는 것도 좋은 경험이 될 수 있을 것 같아."

이처럼 데이터 기반 피드백은 자녀의 학습 상황을 객관적으로 파악하고, 구체적이고 실행 가능한 조언을 제공하는 데 큰 도움이 됩니다. 하지만, 이 과정에서 가장 중요한 것은 자녀와의 소통입니다. 데이터는 대화의 시작점일 뿐, 자녀의 생각과 감정을 경청하는 것이 가장 중요합니다. 또한, 데이터로 표현되지 않는 노력, 태도, 창의성 등도 중요하게 여겨야 합니다. 숫자로 나타나는 성과 외에도, 학습 과정에서의 성장과 노력을 인정하고 격려하는 것이 중요합니다.

결론적으로, 데이터 기반 피드백은 단순한 성적 관리를 넘어 자녀의 전인적 성장을 돕는 강력한 도구가 될 수 있습니다. 이를 통해 우리는 자녀의 학습을 더욱 효과적으로 지원하고, 동시에 자녀와의 관계도 돈독히 할 수 있습니다. 이러한 접근법을 통해 우리 아이들이 디지털 시대의 주역으로 성장할 수 있도록 지원해 나가는 것이 우리 부모의 역할일 것입니다.

7. 우리 아이를 미래 인재로 기르기

우리가 과거에는 상상조차 할 수 없었던 미래 사회가 지금 바로 눈앞에 도래하고 있습니다. 인공지능, 그것도 본격적인 인공지능 시대가 시작되고 있습니다. 이러한 변화는 우리 아이들의 교육에 대해 깊은 고민을 하게 만듭니다. 과연 인공지능 시대에 우리 아이들에게 무엇을 가르쳐야 할까요? 그리고 그것을 어떻게 가르쳐야 할까요?

이러한 질문들에 대한 답을 찾기 위해, 우리는 미래의 인재상에 대해 생각해 볼 필요가 있습니다. 학교에서 미래의 인재를 어떻게 길러야 할지에 대한 대답을 '6C'로 요약해 볼 수 있습니다. '6C'란, 핵심적인 개념적 지식(Conceptual Knowledge), 창의성(Creativity), 비판적 사고(Critical Thinking), 컴퓨팅 사고(Computational Thinking), 융합 역량(Convergence), 그리고 인성(Character)을 말합니다.

미래 인재의 6C 핵심역량

먼저, 개념적 지식은 단순한 사실의 암기를 넘어선 깊이 있는 이해를 의미합니다. 예를 들어, 역사 수업에서 임진왜란이 1592년에 일어났다는 사실을 아는 것에 그치지 않고, 이 전쟁이 조선과 일본, 그리고 명나라에 미친 영향, 전쟁의 원인과 결과, 그리고 현대 한

일 관계에 미치는 영향까지 이해하는 것이 개념적 지식입니다. 이러한 깊이 있는 이해는 다른 모든 역량의 기초가 됩니다.

창의성은 새로운 아이디어를 생각해 내고 문제를 혁신적인 방식으로 해결하는 능력입니다. 학교 축제를 준비하는 과정을 예로 들어볼 수 있습니다. "환경 보호"라는 주제로 학생들이 폐품을 이용한 예술 작품 전시회를 기획하거나, 축제 음식을 제공할 때 일회용품 대신 식용 그릇을 사용하는 아이디어를 제안하는 것이 창의성의 발현이라고 할 수 있습니다. 이러한 창의적 사고는 미래 사회의 복잡한 문제들을 해결하는 데 핵심적인 역할을 할 것입니다.

비판적 사고는 정보를 객관적으로 분석하고 평가하는 능력입니다. 예를 들어, 소셜 미디어에서 "특정 식품이 암을 치료한다"는 주장을 접했을 때, 학생들이 이 정보의 출처, 과학적 증거, 의학계의 평가, 정보 전달자의 동기 등을 고려하며 비판적으로 평가하는 것이 비판적 사고의 예입니다. 이러한 능력은 가짜 뉴스와 허위 정보가 범람하는 현대 사회에서 매우 중요합니다.

컴퓨팅 사고는 복잡한 문제를 작은 단위로 나누어 해결하는 능력입니다. 학교 도서관의 도서 대출 시스템을 개선하는 프로젝트를 예로 들어볼 수 있습니다. 학생들은 이 문제를 현재 시스템의 문제점 파악, 필요한 기능 정의, 데이터 구조 설계, 알고리즘 설계, 사용자 인터페이스 설계, 테스트 및 개선 등의 작은 단위로 나누어 체계적으로 접근할 수 있습니다. 이러한 사고방식은 프로그래밍뿐만 아니라 다양한 분야의 문제 해결에 적용될 수 있습니다.

융합 역량은 여러 분야의 지식을 연결하여 새로운 해결책을 찾는 능력입니다. '지속 가능한 미래 도시 설계' 프로젝트를 예로 들어볼 수 있습니다. 이 프로젝트를 위해 학생들은 과학, 기술, 사회학, 경제학, 예술, 정치학 등 다양한 분야의 지식을 융합해야 합니다. 이러한 융합적 사고는 현대 사회의 복잡한 문제들을 해결하는 데 필수적입니다.

마지막으로, 인성은 타인을 이해하고 공감하며, 사회적 책임을 다하는 능력을 의미합니다. 예를 들어, 새로 전학 온 외국인 학생을 대하는 태도에서 인성이 드러날 수 있습니다. 그 학생이 겪을 수 있는 어려움을 이해하고, 학급 활동에 자연스럽게 함께 하려 노력하며, 문화적 다양성의 가치를 다른 학생들에게 설명하는 등의 행동이 인성의 발현이라고 할 수 있습니다.

　이러한 6C 역량들은 서로 독립적인 것이 아니라 상호 연관되어 있습니다. 복잡한 문제를 해결할 때 우리는 개념적 지식을 바탕으로, 창의적이고 비판적으로 사고하며, 문제를 체계적으로 분석하고, 다양한 분야의 지식을 융합해야 합니다. 그리고 이 모든 과정에서 타인을 배려하고 사회적 책임을 고려하는 인성이 바탕이 되어야 합니다.

　우리 아이들이 이러한 역량들을 균형 있게 발전시키기 위해서는 다양한 경험과 깊이 있는 학습이 필요합니다. 특히 독서와 다양한 실제 경험은 이러한 역량을 기르는 데 큰 도움이 됩니다. 책을 통해 다양한 지식과 관점을 접하고, 실제 경험을 통해 그 지식을 적용하고 검증해 보는 과정에서 6C 역량은 자연스럽게 발전될 수 있습니다.

　예를 들어, 환경 문제에 관한 책을 읽고 지역 하천 정화 활동에 참여하는 과정에서 아이들은 환경 문제에 대한 개념적 지식을 얻고, 문제 해결을 위한 창의적이고 비판적인 사고를 하며, 다양한 분야의 지식을 융합하여 해결책을 모색하게 됩니다. 또한 이 과정에서 컴퓨팅 사고를 통해 문제를 체계적으로 분석하고, 다른 사람들과 협력하며 사회적 책임을 실천하는 인성을 기르게 됩니다.

　결론적으로, 인공지능 시대를 살아갈 우리 아이들에게는 6C 역량이 필수적입니다. 이러한 역량을 기르기 위해서는 학교에서의 교육뿐만 아니라, 가정에서의 지원도 중요합니다. 특히 독서와 다양한 경험을 통해 이러한 역량을 기르는 것이 매우 중요합니다. 책을 통해 얻은 지식과 실제 경험을 통해 얻은 통찰력은 아이들이 미래 사회에서 성공적으로 살아가는 데 큰 도움이 될 것입니다. 우리 부모들이 아이들에게 이러한 기회를 제공하고 지원한다면, 아이들은 인공지능과 공존하며 더 나은 미래를 만들어갈 수 있는 인재로 성장할 수 있을 것입니다.

에필로그

스마트폰으로 이미지를 만든다고? 너무 재미있던 아숙업!
덕분에 밥은 좀 태웠지만 아직도 기억나는 첫 그림,
1억짜리 팬케이크!

백설공주에게 다이어트 팁을 물어보고, 피노키오와 거짓말 탐지기 게임을 했어요. 챗GPT를 통해 상상 속 친구들이 쏟아 져 나왔답니다! 책이 이렇게 재밌어질 줄이야.

실습도 하고 학습도 하면서 여러 금배지를 얻었어요.
엄마도 할 수 있다는 것을 보여주는 아주 뿌듯하고 값진 순간
이었어요. 하나 하나 정복해가는 재미가 있었지요.
엄마는 금배지 부자랍니다.

슈퍼맘 망토를 휘날리며~ 이제 저는 AI 비서를 거느린 디지털 슈퍼히어로예요! 집안일, 육아, 개인 업무 등 한 번에 해결하는 멀티태스킹의 여왕이 되었답니다.

세상은 롤러코스터처럼 너무 빨라요. 인공지능 기술은 매일매일 눈부시게 발전하고 있어요. 변화의 속도에 숨이 차기도 하지만 정말 놀라운 건 그래도 처음만큼 힘들지 않다는 거예요. 이제는 나름 즐기고 있어요.

학교에서 디지털 기기와 인공지능으로 학습하는
아이들도 쉽지는 않을 거예요. 하지만 이런 미래 사회를
살아갈 우리 아이들과 보조를 맞추려면 포기하지
않으렵니다. 엄마도 같이 가자!

아무것도 하지 않으면 아무 일도 일어나지 않는다는 명언처럼 새로운 세상에서 잘 할거라는 믿음을 가지고 새롭게 출발합니다. 실수해도 괜찮아요. 우리는 디지털 세상의 개척자니까요!

언제나 그랬듯, 난 잘해 낼 거라는 걸 믿으니까.
혼자가 아닌 함께라면 뭐든 할 수 있으니까.
함께해요! 디지털 슈퍼맘 대작전!

디지털 슈퍼맘 대작전: 온 가족을 위한 생성형 AI 활용 가이드

초판발행	2024년 11월 1일
지은이	정제영·이수철·김용욱·김혜신·조미나·황유리
펴낸이	노 현
편 집	배근하
기획/마케팅	이선경
표지디자인	이은지
제 작	고철민·김원표
펴낸곳	㈜피와이메이트
	서울특별시 금천구 가산디지털2로 53, 한라시그마밸리 210호(가산동)
	등록 2014. 2. 12. 제2018-000080호
전 화	02)733-6771
f a x	02)736-4818
e-mail	pys@pybook.co.kr
homepage	www.pybook.co.kr
ISBN	979-11-7279-051-6 93370

정 가	22,000원

박영스토리는 박영사와 함께하는 브랜드입니다.